JN173705

絶対平和論

kikuchi
Masami

菊地昌実

日本は戦ってはならない

新評論

まえがき

私たちは今、とんでもない時代に生きています。日本は明治維新に匹敵する一大転換点にあります。これは日本だけの問題ではなく、世界史の現状の反映でもあり、世界は今、18世紀後半、イギリスの産業革命に始まる資本主義が終わろうとする、これまた大変革の時代を迎えています。

それなのに、日本ではついこの間まで、安倍政権の支持率が50％を超えていたように、現在の生活になんとなく満足し、現状をこのままにしておきたいと望む人が多かった。実際は、希望のない、苦しい生活を強いられている人が大勢いるのに、表に現れてくる数字では現状満足が支配的でした。

私がこの『絶対平和論』で、読者、とりわけ若い世代の読者にどうしても伝えたかったのは、日本はこのまま行けばかならず滅びる、現在の日本の政官財の指導者は後世、つまり自分たちの孫子のことを平然と犠牲にして国を動かしているということです。

私たちがあらゆる種類の問題を抱えていることは、この本の目次を見ていただければわかりますが、事態はきわめて深刻です。朝鮮民主主義人民共和国（北朝鮮）のミサイルに対するJアラート

（全国瞬時警報システム）はお笑い種ですが、私は、危機に煽り立てられることなく、読者には、今まで見ていなかった自分の身の回りの現実をしっかり見据えてほしいと心から願っています。

既成の秩序がもう成り立たない、これまでの価値観念では私たちの生活の仕組みが機能しなくなる、どうしてこういう事態に立ち至ったのか、世界に共通する事柄であると同時に、遅れて近代化に向かった日本には特殊な歴史的状況があります。アメリカにベッタリくっついて、ひたすらその言いなりに動く日本は、かならず戦争に巻き込まれます。若者は兵隊にされます。そんな馬鹿な、だいたい徴兵制などあり得ないと考えてはいけません。アメリカの例を見ればわかります。成り行きで経済的徴兵制の流れが生まれ、それに気づいたときはもう遅いのです。

明治維新以来、日本はどのような道筋を経て、現在の状況に至ったのか、みな断片的には知っているつもりのことを、一つの大きなストーリーとしてとらえ、なるほどと納得のいく形で理解できるような仕組みで、この本は書かれています。そうやって大づかみにわかると、どこに問題があり、どう対処すれば、これから正しい方向に向かえるのかが見えてくるはずです。

本書はどれも重大な問題を扱っていますが、ここでは二つだけ例として取り上げて、為政者が日本の将来を無視し、後世に致命的な負の遺産を残そうとしている様を見ておきましょう。

一つは、第1章と第8章で触れる原子力発電所（原発）にかかわる問題です。2011年3月11日の東京電力福島第一原子力発電所事故は、最悪レベルのもので、多くの人命が失われ、また住まいも生業もすべて無になる悲惨な体験者の現状は、回復には程遠い現実があります。東京電力は破産宣告されて当然でした。ところが、政府の方針で会社はつぶれず、他の原発の再稼働が行われようとしています。政財学のいわゆる「原子力ムラ」はいまだに原発を守り、外国への輸出さえ試みています。ヨーロッパではドイツ・イタリア・スイス、アジアでは台湾・韓国など、程度の差はあれ原発廃止へと舵を切りました。発電コストが安いことが売り物であった原発ですが、今や恐ろしく高いものにつくことがハッキリしています。最大の難点は、放射性廃棄物の処理が人間の手では不可能なことです。広いアメリカでさえ、捨て場が見つけられなくて困っているのです。私たちのあとにこんなゴミを残すことが、どうして許されるでしょうか。

もう一つは第4章と第5章で取り上げる、政府が沖縄・辺野古に米軍基地の新設を強行している問題です。日本単一民族説が当たり前のように言われることがありますが、その誤りを明白に証拠立てるのが、日本が南の琉球民族、北のアイヌ民族を侵略し、植民地化の対象にしたという歴史的事実です。辺野古新基地反対は、その源にこの歴史的屈辱があるのです。またその後も沖縄はつねに本土の迫害にさらされ、第二次世界大戦では国内唯一の戦場として、住民の約4分の1が犠牲になりました。日本政府はそのような歴史を無視し、ただアメリカの主張する「辺野古が唯一の選択肢」を鵜呑みにして、その手先として働いています。戦後は、沖縄には米軍基地が集中し、いまだにアメリカの占領地同然の状況が続いています。私たちは、沖縄は自分たちの遠いところにある問題として軽く受け止めてはいないでしょうか。文字通り命がけで辺野古新基地建設に反対する運動は、民主主義の基本を守る私たち自身の問題であると読者に理解していただきたいというのが、私の願いです。

私たちはこれからどのような社会を築くべきか。本書はそれを考える基礎資料として編まれました。対米従属、経済成長信仰、抑止力幻想に基づいた防衛構想、不可避の人口減少などなど、これまでの流れに従っていけば、日本は衰退し、自滅に向かうことになります。

目の前にそびえる現実の壁はあまりに高くて厚いから、今さら現実を変えようとしても無駄だと諦めてはいけません。暗い闇のようであっても、遠くには小さな光があちこちに瞬いています。

私はこのように暗い現実をこしらえた世代、遠からず消えていく世代の一人として、これからの未来を生きる若い人たちのために、ささやかながら役立ちたいと思っています。この本で提起された問題を多くの人に受け止めていただければ、幸いです。

絶対平和論／目次

絶対平和論

日本は戦ってはならない

核兵器・原子力発電

第1章

世界唯一の被爆国、日本は何をしてきたか？

1 核兵器禁止に向かう世界の流れ

２０１６年10月、国連総会第一委員会（軍縮と国際安全保障問題を主に取り扱う委員会）は、核兵器禁止条約について交渉するために、２０１７年に国連の会議を開始する決議を圧倒的多数で採択しました。12月の総会本会議でも正式に条約交渉入りが決まりました。

無差別に多数の人間を殺し、永続的な破壊をもたらす非人道的な大量破壊兵器のうち、生物兵器と化学兵器についてはすでに禁止条約が発効していますが、核兵器については、まだ取り決めがありませんでした。ここに至るまでには、広島・長崎の被爆者をはじめ、さまざまな組織が努力を重ねてきましたが、やっと禁止への歩みが確かなものになりつつあります。

１９７０年発効の核拡散防止条約（ＮＰＴ）は、核保有国を5大国に限定するだけで、核兵器そのものを禁じるものではありませんでした。しかし、核兵器廃絶を求める声は次第に高まり、96年には、国際司法裁判所が核兵器の脅威と使用は国際法に違反するとの勧告的意見を示しました。

粘り強い禁止運動が思うように進まなかったのは、核保有国であり、しかも国連の安全保障理事会（安保理）常任理事国であるアメリカ、イギリス、フランス、中国、ロシアと、その同盟国が核抑止力を保持するという理由で反対してきたからです。歴史上原子爆弾が実際に使われたのは、1945年8月、広島と長崎の二度だけです。その悲劇の犠牲国である日本は、核廃絶のために何をしたでしょうか。信じられないことですが、アメリカとの同盟を何よりも優先し、今回の禁止条約では反対の立場を取ったのです。

現在、世界にどれくらい多くの核弾頭があるか、聞けば驚くでしょう。ストックホルム国際平和研究所による2015年の推定では、ロシアに7290、アメリカに7000、フランスに300、中国に260、イギリスに215、パキスタンに110～130、インドに100～120、イスラエルに80、朝鮮民主主義人民共和国（北朝鮮）は不明となっています。ロシアとアメリカの飛びぬけて多い核保有は、もちろん、第二次世界大戦のあとに始まった米ソの冷戦に起因します。大戦が終わったとき、そのあまりの惨禍に深刻な反省を迫られた各国は、戦争のない理想的な国際秩序を新しい国連に託そうとしました。日本の平和憲法の成立もその流れを反映しています。しかし、たちまち始まった冷戦が人類の夢を打ち砕きました。人間は昔から愚かなことを繰り返してきましたが、核競争ほどの馬鹿馬鹿しさは類がない。他の生き物から見れば、人間という種の愚かしさはとても信じられないでしょう。

米軍は、1950年代からすでに、ソ連の重要な軍事基地と産業施設のすべてを何十回も破壊できる核戦力をもっていました。80年代半ばになっても、最新型の核弾頭ミサイルをもっと多量に配置する必要があると考えていました。アメリカの軍産複合体は現在までその体制をずっと維持しています。２００９年、ノルウェーのノーベル賞委員会はオバマ米大統領（民主党）の「核なき世界」に向けた国際社会への働きかけを評価して平和賞を授与しました。この授賞には、まだ実現していないのにと賛否両論がありましたが、彼の核軍備縮小への積極的な姿勢は、アメリカの大統領としては異例です。彼は、「核兵器を使用した唯一の核保有国として、アメリカには核廃絶のために行動すべき道義的責任がある」と、明確に表明しています。しかし、そのオバマの在任中でさえ、アメリカの次世代核弾頭開発予算は共和党大統領の時代より増額したという事実があります。それほどまでに、核に頼るという人間の愚かしい固定観念は抜きがたく、現代の社会を重苦しく閉ざしているのです。

力が正義であると言わんばかりの大国の横暴は、正義どころか自己破滅へと通じています。幸いにして、動物たちの物笑いの種になるような人間の愚行に真っ向から逆らう条約がようやく発効されようとしています。まっとう至極な動きが人間社会の多数を占め、狂気から立ち直る画期的な機運が今訪れようとしているのです。

2
正反対の日本政府の姿勢

なぜアメリカは広島、長崎と続けて二度も原爆を投下したのでしょうか。今でも、アメリカ国内では、戦争を早く終わらせ、犠牲者を減らすためには原爆が必要だったという神話が広く信じられています。これはまったく事実に反します。投下のあと、アメリカのヨーロッパ戦線最高指揮官だったアイゼンハワーは、「日本はすでに敗戦交渉を進めていた。あのように残忍な兵器を使う必要はなかった」と言ったし、トルーマン大統領下で今で言う統合参謀本部議長の地位にあったレーヒー海軍大将は、「あの野蛮な攻撃は不必要だった。あのような行為を行うことで、アメリカ人は暗黒時代の野蛮人と同じ道徳基準しかもっていないことを示した」とまで述べています。2発の原爆は違うタイプの爆弾で、明らかに、アメリカは新兵器の実験を日本の一般市民を対象にして行ったのです。言語道断と言わざるを得ません。広島型は、ウラン235の核分裂を利用した爆弾であり、長崎型は、自然にはほとんど存在しない元素、プルトニウムを原子炉での核分裂によって生み出し、人工的に作られたその元素の核分裂を利用した爆弾です。トルーマンが投下の決定を下したのは、

膨大な予算を費やして開発した兵器を使わなければ、議会の非難を浴びることになるのを恐れたからで、あまりにも政治的な判断でした。

１９５２年、広島に原爆死没者慰霊碑が建てられました。「安らかに眠って下さい　過ちは繰返しませぬから」と刻まれています。当初、この文言についてはさまざまな議論がありました。過ちの主語は誰なのかと。右翼からの反発もありましたが、結局、過ちは戦争という人類の破滅と文明の破壊を意味すると受け止め、犠牲者に心から詫びるということで落ち着きました。しかし、本当の慰霊のためには、それで十分でしょうか。亡くなった作家の小田実（１９３２〜２００７年）は、アメリカへの批判と日本のアジアに対する加害責任をつなげて考えることが、人類の一員としての日本人の義務であると述べました。まったく同感です。慰霊碑のことばは、波風を立てまいとしがちな日本人の妥協的な性向が出ているように思われます。

広島・長崎の犠牲者（朝鮮半島・中国の人々、米兵捕虜など多くの外国人も含まれます）に対して、本当に申し訳ないことは何でしょうか。日本人が原爆投下によって歴史的に特別の使命を託されたのに、それを果たさずにいることです。第３章で取り上げますが、日本国憲法の基本的な考え方こそ核戦争を起こさない唯一の道であると、率先して他の国々の人々に示すことが何よりも大事な使命なのです。

２０１６年12月、国連は核兵器禁止条約の締結を交渉する会議の招集を決議したのに続いて、「平和への権利宣言」を総会本会議で採択しました。投票結果は、賛成131か国、反対34か国、棄権19か国でした。この宣言は、私たちの憲法前文の平和的生存権と共通する考えに立っています。だから、日本政府は当然、賛成票を投じたと思われるでしょうが、あにはからんや、アメリカに追従してこれにも反対したのです。この事実は、なぜか日本の報道ではほとんど取り上げられませんでした。「平和への権利宣言」は、1984年に一度、「人民の平和への権利についての宣言」として国連で採択されています。しかし、残念ながら、世界はその後も、アフガニスタン戦争（2001年）、イラク戦争（2003年）、またシリア内戦（2011年〜）など、紛争を続けています。核をもつ大国に牛耳られる国連は無力に近いでしょう。そうした中でも、キューバをはじめとする「第三世界」諸国は国連人権理事会において、この権利宣言のために積極的な働きかけを続け、2016年の採択に至ったのです。世界で131の国が賛成したのは、すごいことです。国連に今力がないからと言って、諦めるべきではありません。力を付けるための歩みが、実にゆっくりとですが、確実に始まっているのです。

まさに、前文に平和的生存権と9条に戦争放棄・戦力撤廃をうたった憲法をもつ日本は、この流れを先取りしていたはずです。それが、どうしてこんな事態になったのでしょうか。

この本の「まえがき」で触れた日本の対米従属の姿勢がここでも習い性となっていることは、確かでしょう。しかし、それだけではありません。実はもう一つ、別の重大な要因があるのです。1

９５５年12月19日、自民党政権は原子力基本法を成立させました。中曽根康弘をはじめとする政治家たちは、核の技術を習得し、いずれは核武装という選択も可能にするという大国化の夢を抱いていたのです。58年、実際に原子力発電に踏み切ったのは、時の首相、岸信介でした。彼は回顧録で、「日本は核兵器をもたないが、潜在的可能性を高めることによって、軍縮や核実験禁止問題などについて、国際の場における発言力を高めることができる」と述べています。つまり、原発は単なる産業政策ではなく、外交政策、安全保障政策として位置付けられていました。アメリカは当初、核爆弾の原料となるプルトニウムの拡散に厳しい姿勢を示していたのが、80年代に始まるレーガン政権の下で、規制が緩められ、中曽根内閣は、使用済み燃料から核分裂物質を抽出して再利用する核燃料サイクルを開始することになります。92年、青森県の六ケ所村でウラン濃縮工場が運転を始めました。やがて、世界最大級の再処理工場がここに作られます。日本は各地での原発を稼働してきたので、その結果、原爆の材料となるプルトニウムを作り続けることになり、２０１１年には、核兵器50発分に相当する50トンのプルトニウムが貯まってしまったそうです。

核燃料サイクルを実現するために、政府は１９８５年から86年かけて福井県敦賀市に高速増殖炉「もんじゅ」を建設しました。消費した以上の燃料を生み出す夢の原子炉と言われました。しかし、20年以上の試験運転で重大な事故が度重なり、１兆円の予算を使いながら、結局、２０１６年12月、政府は廃炉を正式に決定しました。ところが、性懲りもなく、「もんじゅ」に代わる高速炉の開発を続ける方針を掲げています。技術的困難のために、フランスを除いて、他の国々はすでに手を引いている中、この日本政府の執拗さには驚かされます。原発については、第8章でも科学的発展の帰結として取り上げますが、ここでとりあえず言いたいのは、放射能廃棄物を処理することが不可能な原子力発電は、きわめて未熟な技術だということです。2011年3月に発生した東京電力福島第一原発の大事故は、それをあからさまに示しました。日本の技術は優秀だから安全だなどという神話は粉々に砕け散りました。それなのに、わが国の首相は、原発再稼働を目指すだけでなく、日本の原発技術を海外に売り込もうと躍起になっています。これは、経済成長神話と大国願望、両方が結びついた、無責任で許しがたい行動です。

3　放射能の被害者は増え続けている

核に対する日本政府の態度がどういうものであるか、おわかりいただけたでしょうか。歴代の政権の姿勢と行動に誰よりも失望と強い怒りを感じているのは、広島・長崎の被爆者でしょう。もちろん、かれらは核兵器禁止条約をめぐる一連の国際会議の場で、被爆の実態を報告し、被爆者の心

からの願いを訴えました。２０１６年12月の国連総会で賛成票を投じるよう、外務省に要請書を提出してもいます。

日本の反核平和運動の中心である原水爆禁止日本国民会議（原水協）は、世界中の放射能被害者と連帯を強めて、運動に取り組んでいます。原爆投下のあとも、世界中で被曝者が増え続けているからです。チェルノブイリや福島の原発事故の被曝者、ウラン鉱石採掘地周辺の被曝者、核兵器開発・実験にともなう被曝者、劣化ウラン爆弾使用による被曝者など、大勢の犠牲者が今も生み出されているのです。まともな感覚の持ち主なら、核と人類は共存できないという主張に誰しも共感を覚えるでしょう。

共存できないのは当たり前です。そもそも、科学を過信して、核を利用しようとしたのが間違いなのです。人間は自らの能力について、とんでもない幻想を抱いたと言うべきです。福島原発の取り返しのつかない大事故は、想定外の地震と津波によって生じたと東京電力は言い訳しましたが、現在の原発の技術レベルは、つねに綱渡り的な、危うい運転で、かろうじて維持できる程度のものです。これまで大事故には至らなかったため当然公表はされていませんが、さまざまな異常はつねにあり、経営収益上、運転をやめずに点検・修理するので、働く作業員はつねに放射線を浴び続けています。定期検査にあたる従業員も同じです。平常の運転でも、わずかですが放射能に汚染された水を大量に海に流し、また、それによる水温の上昇という悪影響も与えます。一番大きな、絶対に解決不可能な問題は、放射性廃棄物を出し続けることです。これらのゴミが無害になるには、人間にとっては永久と言うべき50万年かかります。これは、普通のゴミと違って、化学的に分解して処理できない、人間の能力をはるかに超えているものなので、その被害は、私たちの何世代もの先の世代はもとより、地球の環境全体にも及びます。なんという愚かな企てに踏み切ったのでしょう。実は、いわば原発の本家のアメリカでも、使用済み燃料の処分には頭を痛めていますが、日本とは違って、１９７７年以降、採算が取れないという理由で、再処理は行われていません。そのまま廃棄物として処分する方式ですが、あの広いアメリカでさえ、最終処分場が見つからず、やむなく原発敷地内に中間貯蔵されたままです。現在世界中で、放射性廃棄物の貯蔵所として正式に準備されているのは、フィンランドのオンカロだけです。電力の原発依存度がずば抜けて高いフランスですら、貯蔵予定地は確定していません。

4 核兵器実験による放射能被害

とりわけ重大な被害をもたらした、水爆実験による放射能に話を絞りましょう。原爆投下のあと、核競争が始まり、各国は競って実験を繰り返します。原爆の威力をさらに高めるために、水素爆弾が開発されます。殺傷力を増すための進歩改良とは、おぞましい限りですが、それが大戦後の現実でした。ちなみに、水爆とは原爆を起爆剤として重水素を熱核反応させ、広島型原爆の１０００倍を超える莫大なエネルギーを得るものだそうです。

アメリカはマーシャル群島、ネバダ砂漠、ソ連はセミパラチンスク、フランスはアルジェリア、仏領ポリネシアなどで実験を行いました。人口が少ない地域とは言いながら、付近の住民への被害は防ぎようがなかったはずです。１９５４年、ビキニ環礁でのアメリカの水爆実験では、日本のマグロ漁船「第五福竜丸」に死の灰が降りかかりました。多くの乗組員が放射能を浴び、死者も一人出ました。付近で操業していた多くの漁船も被災し、陸揚げされたマグロも汚染されていたので、廃棄されました。こうした事実の報道に国民は大きなショックを受け、原水爆の禁止を求める署名活動が広まり、それをきっかけとして原水爆禁止の運動が始まりました。このときの実験の被害は日本人だけでなく、現地住民、米兵にも及んでいて、アメリカはハイレベルの放射能汚染を知っていたのに、当時の日本政府の外相は、「実験中止を要求するつもりはない」と言明しました。

広島・長崎の悲劇から10年近く経って、やっと反核の大衆運動が始まったということには、理由があります。アメリカは原爆投下による被害の実態にかんする情報を独占し、日本人にはなるべく知らせないよう周到な方策を実行していたのです。

　1945年、連合国軍総司令部（GHQ）は広島・長崎の原爆投下にかんする一切の報道を禁止しました。ついで、翌46年、原爆傷害調査委員会（ABCC）が設立されました。被爆者のための機関ではなく、実験対象として観察する使命をもつ機関です。敗戦直後の占領国の力は絶大で、広島・長崎の医師たちに治療方法を発表したり交流したりするのを禁じ、死者の皮膚・臓器、生存者の血液・カルテを没収しました。また、国際赤十字からの医薬品の支援申し出を日本政府に断らせました。今から思えば、よくこれほどまでに非人道的なことが許されたものです。政治権力によって被爆者の治療を妨害したのですから（木村朗・高橋博子『核の戦後史』創元社　2016年）。

　この被爆調査は、被爆の実態を過小評価する結果をもたらし、そのまま、現在の放射能保護基準に反映されています。福島原発事故による甲状腺がんの発生を低く見積もろうとする姿勢も同じ態度の表れではないかと疑わせるものがあります。

5　核の「平和利用」と「軍事利用」

　大統領になったアイゼンハワーは1953年、原子力エネルギーの民間利用を推進し、原発を積

極的に輸出する考えを表明しました。原爆投下への反省もあったかもしれませんが、事実上、原子炉技術と濃縮ウランを外国に売って、アメリカは儲けたわけです。同時に、相手国をコントロールするために、57年、国連傘下の機関、国際原子力機構（ＩＡＥＡ）を作りました。この機関は、原子力発電の推進役であり、原発技術が原爆製造に利用されないための監視役でもあります。さらに、88年に定められた日米原子力協定によれば、日本はアメリカの同意がなければ、自分の意志では原発を止めることができないことになっています。

現在、軍事用には核ということば、平和利用には原子力ということばを使うのが一般ですが、この使い分けは政治権力によって仕組まれたものです。原子力は明るい未来に開かれているというイメージが刷り込まれましたが、先に核兵器の開発が行われ、その技術から出発して原発が生まれた事実は決定的です。しかも、第二次大戦下に突貫作業で行われた核兵器の研究開発、マンハッタン計画はとてつもない無理を重ねて推進され、試行錯誤の段階で実用化されたという事実があります。その応用としての原発技術について、未熟と述べましたが、それは当然至極の成り行きなのです。

国家主導で行われ、官軍産が一体となって進められた各国の核兵器開発の歴史は、そのまま「原子力の平和利用」に続いていきます。宇宙開発と同様、原発のような巨大プロジェクトは、国の強力な指導の下に、多くの科学者・技術者が動員されます。佐藤嘉幸・田口卓臣『脱原爆の哲学』（人文書院　２０１６年）では、日本の近代史において戦前の「軍事立国」と戦後の「工業立国」は、中央集権的統治という点で一貫していると説かれています。原発は、まさにこの統治構造にピッタリ適合します。中央集権的な国家でなければ、原発の建設設置や運転はできません。事故被害の潜在的可能性から、大都市住民のための原発を人口の少ない地方に設置するという構造的差別が必要になるからです。『脱原発の哲学』は、その構造を見事に証明しています。日本とフランスは中央集権的統治機構の面で共通している、だからこの2国で原発が根付きやすかったというのも、なるほどとうなずけます。脱原発を可能にするには、原発と逆のやり方、自然エネルギーによる小規模設備を地域住民が主体的にかかわって設置し、得られた電力を地域内で使う必要がある。中央集権的統治から抜け出すには、そういう方向が見えてくるでしょう（第8章）。

原発が国家主導の事業であるという本質は、核兵器開発の出発点からそのまま引き継いだものでした。しかも、第二次大戦後の世界秩序は、核兵器を保有する国が他を支配するという構図へと向かいました。米ソに続いてイギリス、フランス、中国が原爆を作り、大国の資格を得ようとしたのです。被爆国日本の指導者たちも、本音では核をもちたいと願ったでしょうが、アメリカがそれを許すはずがないことを十分わかっていました。しかし、先に述べたように、原子力発電に乗り出した日本の政治家は、可能性としての核保有を頭に置いて、「平和利用」を始めたのです。福島原発の大事故のあと、国民多数の反対を無視してもなお再稼働を推進しようとする政財界の意向は、当初の体質からまったく変わっていません。

科学史家の山本義隆は、「現在の世界的規模での核拡散状況は、一方で大国間で核独占を維持しながら、他方で核物質や核技術を売り込むという戦後アメリカの『原子力の平和利用』政策がもたらした結果であるが、その結果にアメリカ自身が困惑しているのである」と指摘しています（『福島の原発事故をめぐって――いくつか学び考えたこと』みすず書房　２０１１年）。日本の原子力産業はまさに、平和利用から軍事利用に転換する潜在的危険を秘めているように私には思われます。これは、広島・長崎の被爆者の方々には到底認められないことです。

日本政府の姿勢にめげることなく、２０１６年８月、平均年齢80歳を超えた被爆者たちは、「生きているうちに核兵器のない世界を実現したい」と、「ヒバクシャ国際署名」を始め、10月に56万人の署名を国連総会第一委員会に提出して、核兵器禁止条約への動きを応援しました。この章の最初に紹介した国連総会での圧倒的多数による決議採択に、日本は民間の側から尽力しているのです。この尽力は大きな実を結びました。２０１７年７月７日、歴史的な「核兵器禁止条約」がついに国連の核兵器禁止条約交渉会議で、国連加盟国１９３か国のうち賛成１２２、反対１、棄権１で採択されました。９月20日には、署名国数が条約発効要件である50か国以上に達し（同月22日現在、53か国）、署名各国は批准に向けた国内手続きの段階に入っています。核をもたない、したがって、これまで発言力をもたないとみなされてきた小さな国々が協力して世界のあり方を変えつつある、そういう時代に私たちは生きているのです。もう大国の権威に従うべきではありません。

日米安保・日米同盟

第2章

なぜ日本の対米従属は強まる一方なのか？

1
拝啓マッカーサー元帥様

現在、多くの日本人がまるで空気を吸うように自然に感じている対米従属の実態は、第二次大戦で連合軍に降伏したあとの米軍による占領に始まります。この占領は、当時8000万の人口をもつ大国を占領軍の絶対的権威の下に従えて行われたことと、連合軍最高司令官マッカーサー元帥の独裁的意志に基づいた改革が断行されたことで、歴史上他に例を見ない特殊なものだったことを、まず頭に置いて考える必要があります。

マッカーサーその人については、政治的過ぎるアメリカ軍人で、いずれは大統領になるための布石として占領政策を進めたと、のちに批判された面もたしかにありましたが、政策の中身は、作家・司馬遼太郎が「参謀本部による占領」と表現した戦中日本のあり方を徹底的に打ち壊し、平和と民主主義の国を目指すという、これまた以前の歴史には見られない理想主義に満ちあふれていました。この理想主義が憲法9条の誕生にもかかわっていたことは、第3章で扱いますが、戦後の日本を再建する基礎を作ってくれたのがマッカーサーであったことは、間違いありません。

戦争終結直後に日本の土を踏み、神から人間になった昭和天皇との、まさに歴史的なツーショットで日本人に強烈な印象を与えたこの最高司令官は、6年近くの在任中、日本国民から50万通以上の手紙を受け取りました。彼はそれをすべて翻訳させ、重要な部分の要約をたえず報告させていたそうです。なかには稀に批判の手紙もありましたが、ほとんどが尊敬と信頼を表していました。1951年4月、トルーマン大統領はマッカーサー連合軍最高司令官を、不服従を理由に突如解任。この知らせは、日本中を驚かせました。NHKは彼の離日を生中継し、20万人が沿道で見送りました。戦時中は「鬼畜米英」とののしっていた敵を、状況が変われば掌を返したように崇め奉ったこの事実は、いかなる権威にも逆らわない日本人の性向とも、柔軟で狡猾な適応性とも言えるでしょうか。

もともと、マッカーサーの専制による独裁は、大統領のトルーマンが命じました。日本がふたたびアメリカの脅威にならないよう、そして極東の平和を脅かす存在にならないようにするためです。この試みは完璧に成功しました。のちに、ブッシュ・ジュニア（子）大統領が2003年のイラク戦争時に、日本占領のイメージを描いていたそうですが、彼の認識のずさんさには呆れるほかありません。日本占領の成功例は、あまりにも特殊なケースでした。アメリカにとって大成功だった結果として、日本人は敗戦から70年経った今も、素直にアメリカの言うことを聞く姿勢を変えていません。現トランプ大統領の、人権を無視した特定のイスラム諸国の人々への入国禁止令に対してさえ、日本の首相は一切批判せず、アメリカのメディアから「おべっか外交」と揶揄されるほどであるというのは、恥ずかしい限りです。ただし、アメリカを批判することばをまったく発しないのは、現首相の特別な個性ではなく、日本の外務省の姿勢そのものです。とにかく、占領時代から続く対米従属は、変わらないどころか、深まる一方です。

6年8か月に及ぶ占領期間中、日本は国家主権を失っていました。啓蒙という理想主義による善意を含んでいたものの、結局は独善的で傲慢なアメリカ占領行政があったから、非軍事化と民主化が実現したのです。しかし歴史の流れはたえず方向が変わります。民主化のプロセスが進行中に、東西の冷戦が深刻化します。占領を終え、アメリカが引き上げる2年前の1950年、国務長官のアチソンは日本を共産主義の主要な防壁とすると言明しました。アメリカは日本の非軍事化から再軍備へと逆向きに舵を切ったのです。50年7月、「警察予備隊」が作られました。このとき、占領中はすべてアメリカの言いなりになってきた日本ですが、こと再軍備にかんしては初めてささやかな抵抗の姿勢を見せました。

時の首相、吉田茂は米軍の装備で武装した警察予備隊を7万5000人にとどめ、「これは再軍備ではない」との詭弁で押し通しました。アメリカの国務長官顧問の実力者ダレスが、折しも50年6月に起こった朝鮮戦争にこの警察予備隊を利用しようとしたのですが、巧妙にこれをかわし、のちの軽武装経済大国化への道筋をつけた吉田の手腕は評価されます。

マッカーサーが離日した1年後の１９５２年4月、サンフランシスコ講和条約（対日講和条約）が発効し、アメリカの日本占領は正式に終了しました。しかし、独立とともに日米安全保障条約（安保条約）も同時に発効したので、真の自立からは程遠い独立であり、主権を縛られた今に至る状態が始まったわけです。

独立と引き換えに日本が払った代価はさまざまでしたが、まず米軍の基地と施設がそのまま維持され、さらに沖縄が日本の主権の範囲から除外されて、アメリカの重要な核基地の一部とされました。つまり、日本本土はアメリカの間接的支配、沖縄はアメリカの直接支配というシステムができあがったのです。しかも、これはアメリカによる一方的な押し付けとは言い切れません。なぜなら、占領初期の47年9月、昭和天皇はＧＨＱに対して沖縄と琉球諸島の軍事占領の継続を希望し、それがアメリカのみならず日本の利益にもなるというメッセージを伝えているからです。これは、アメリカ以外の連合国が天皇の戦争責任を追及しようとしていた状況下にあって、自身の地位存続にかんする天皇の不安の表れだったとも言えるかもしれませんが、天皇の直接の意図は、アメリカに、軍備を放棄した日本を、ソ連の脅威から米軍に守ってもらうことでした。これは、沖縄の住民にとっては言語道断な発言です。アメリカにとっては好都合な発言であり、冷戦の激化とともに、沖縄の基地を核拠点にするアメリカの戦略へとつながっていきます。

安保条約による主権の制約はそれだけではありません。１９６０年の安保条約改定に際して日米地位協定が締結されましたが、これは52年の日米行政協定を継承するものです。この種の政府間協定は条約と違って国会の承認を必要としないので、日本に不利な取り決めを国民に知らせずに結ぶには実に便利です。この日米地位協定で、日本は占領時代の治外法権を引き続きアメリカに認めることになります。アメリカはこれほど不平等な取り決めを他の国と交わしたことはありません。

この不平等の根っこにあるのが、「日米合同委員会」（日米地位協定の運用を協議する実務者会議）という存在です。恥ずかしながら、不文にして私はこれまでよく知らなかったのですが、この委員会は日本のエリート官僚とアメリカの高級軍人が地位協定の具体的運用について協議する機関で、基地使用の特権などはすべてここで決められます。発足をめぐっては、文官と軍人の組み合わせはおかしいとアメリカ国務省・駐日大使館から異論が出されたものの、軍部が押し切って、今もそのままなので、これは占領体制そのものの継続です。「米軍の特権は国内法上の法的根拠がまったく存在せず、日米地位協定にも法的根拠が明記されていないという衝撃的事実」はまさにこの「日米合同委員会」の決定によるもので、しかも合意文書はすべて非公開です（吉田敏浩『「日米合同委員会」の研究――謎の権力構造の正体に迫る』創元社　２０１６年）。

2

独立は建前のみで、実質は軍事属国

アメリカにとって日本占領は、およそ考えられる限り、最も有利な経過をたどりました。占領終了後も米軍の基地が残され、しかもその管理運営の面で他に例を見ない治外法権が認められた、というより日本が進んで認めたのですから、日本は実質的に軍事属国と言われても仕方がありません。

通常の安保条約は相互の安全保障を約束するものですが、1951年9月に結ばれた旧日米安保条約は、実際は基地貸与協定とも言うべきものです。それも、軍隊をもたない日本の希望によって、米軍に日本に駐留する権利が与えられたという文面になっているのです。在日米軍の任務は、日本だけでなく、極東アジア防衛を主たる目的としています。したがって、米軍基地は兵站基地であり、兵器の修理・整備、燃料補給のためにあります。実際、60年に始まったベトナム戦争の際には、沖縄基地は重要な戦略拠点になったし、2003年のイラク戦争でも、米軍機はこの基地から出撃しました。

日本国憲法はGHQの理想主義が原型となりましたが、その憲法98条2項に、「日本国が締結した条約及び確立された国際法規は、これを遵守することを必要とする」とあります。アメリカはこの条項を意識的に有効に利用したかどうかはともかく、日本は自ら進んで安保体制の支配下に入ったのです。

松竹伸幸『対米従属の謎』（平凡社新書　２０１７年）は、従属が習い性となって、対米依存が時とともに深まる一方であることを、歴史的事実を積み重ねて見事に示してくれますが、日本人はたしかに、まるでアメリカに見捨てられる不安に脅えるほど、依存心を強めていったのではないか、政府の対応を見ていると、そう思わざるを得ません。マッカーサーの残した家父長的権威の遺産でしょうか。

世界でアメリカの軍隊が大勢駐留する国は、ドイツ、韓国、日本ですが、２００３年のアメリカの資料によれば、米兵一人当たりの現地政府の負担を比べると、日本は段違いに多額の貢献をしています。ドイツが1万ドル、韓国が2万ドルに対して、日本はなんと12万ドルです。しかも、在外米軍の約3分の1が日本にいるので、全経費の7割を日本が負担しています。１９９５年、アメリカ下院外交委員会でのソラーズ議員の発言、「米軍の日本駐留は日本防衛のためではない。日本以外の地域への侵略を抑止している米軍を日本が進んで領土に駐留させ、他のどの同盟国よりも多額の費用を負担してくれている」とのくだりは、アメリカ人の認識をよく示しています。日本政府は、ここまでアメリカに依存して生きる道を選んだと言えます。

ドイツとイタリアは第二次大戦において日本と枢軸同盟を結び、等しく敗戦国となり、今も米軍の駐留が続いているのは日本と同様ですが、ドイツは1993年、自国にいる北大西洋条約機構（NATO）軍に国内法を守らせるよう地位協定を改定したし、イタリアも95年に、基地使用協定を結んで、平時での米軍の訓練・作戦活動については国内法に従うことを取り決めています。日本だけが、例えば、航空特例法によって、米軍機は最低安全高度規制を受けずに自由に低空での訓練を行える。そのため沖縄の住民は、民家すれすれに飛ぶ米軍機の耐えがたい爆音の被害を受け続けています。日本は行政だけでなく、司法もまた米軍に対しては特別扱いで、騒音訴訟において自衛隊機の騒音には損害賠償を認めても、米軍機のそれは規定外とみなしています。「我慢しろ」と言わんばかりです。イタリアでは午後10時から朝6時までは飛行禁止です。住民の暮らしよりも軍事優先を認めているのは、日本だけです。また、95年の女子小学生拉致・強姦事件（沖縄）のような米兵による性犯罪、窃盗事件などが頻発しても、裁判権が米軍にあるので、日本の警察は手を出せない。犯人のほとんどは実質的な刑を受けずに釈放されています。さらに、基地返還の場合、土地が汚染されていても、米軍には原状回復義務がありません。ドイツと韓国では、米軍に回復義務があり、返還後に見つかった汚染についても義務を負わせています。イタリアやドイツの政府は、日本と同じようにアメリカに基地を提供しながら、軍事利用が住民の生活に及ぼす被害を最小限にするために、アメリカと交渉し、立派な成果を上げているのです。アメリカの言いなりのままの日本政府の姿勢は異常と言うべきです。沖縄の状況については第4章で取り上げますが、本章ではさしあたり、沖縄の住民がどんなに抗議の声を上げても、日本政府は60年以来の地位協定の改定をアメリカに申し出ようとしない事実を指摘するにとどめます。どうしてこんな不平等が許されるのでしょうか。許されると言うよりは、なぜ日本人は自ら望んで、ひたすら対米従属に努めるのでしょうか。まさに謎です。

松竹著の『対米従属の謎』は、従属が深まってきた経緯を見事に解き明かしていますが、なぜ日本の政官財がそういう方向を選び続けているのか、本当のところはどうしても納得できません。なぜ、占領時の主従関係を維持することが自分たちの利益になると思えるのでしょうか。

3

国造りの方向

マッカーサーの支配下で、日本は吉田茂が選んだ軽武装経済立国への道をたどり、経済大国と言われるまでに成長し、国民の生活を安定させていきました。ただ、ここで忘れてならない重要なことがあります。それは、大戦中に莫大な被害を与えた近隣の国々に対する公式の謝罪を、国として

の日本が拒み続けていることです。

敗戦から70年を経た2015年、安倍晋三首相は談話を発表しました。「あの戦争には何らかかわらない私たちの子や孫、その先の世代の子どもたちに、謝罪を続ける宿命を負わせてはなりません」。うっかりした耳には実に立派なことばに聞こえます。彼自身はかかわらなかったかもしれない、しかし、日本が国家の名の下に行った事実は消えません。国として謝罪していないことを棚上げして、その国の責任者がよくもこんなことが言えるものかと、唖然となります。

なぜこのような姿勢が可能になったかを考えるとき、その起点にはやはりアメリカが関係しています。1948年に結審した極東国際軍事裁判、いわゆる東京裁判で、A級戦犯で起訴された28人のうち東条英機など7人が死刑判決を受け、処刑されました。しかし、実際に戦争が行われた地域が中国とアジア諸国であった事実は脇に置かれ、戦争責任はもっぱら、アメリカとヨーロッパ列強との戦いに絞られました。つまり、東京裁判では、アジアに対する日本の犯罪は十分には裁かれなかった。本来ならば、日本人自らが、そのあと責任を明らかにし、犠牲者に謝るべきでした。しかし、その後の日本は連合国に裁かれなかったのを良いことに、あいまいなままにきちんと謝罪もせずに、自分の国の立て直しに専念しました。そして現在の私たちがあり、安倍談話があるのです。

日本人は格別に謝るのが嫌いなのでしょうか。1958年2月、北海道で雪に埋もれた山中に穴ごもりしていた中国人が姿を現し、保護されました。大戦末期の44年、33歳のとき、彼は中国から日本軍に連行され、北海道の炭鉱で働かされ、あまりの過酷な扱いに耐えかねて敗戦直前に脱走、その後12年半にわたって寒い北海道の地で逃亡を続けていたのです。国会で政府の責任を問われた岸信介首相は、「人道的な見地から対処する」と言うのみで、誤りもせず、責任も認めませんでした。彼は戦時中のトップ官僚で、その戦争責任でA級戦犯の容疑者とされ、冷戦開始後のアメリカの方針転換で政界復帰した人物です。戦後彼を政界に復帰させたアメリカのご都合主義もさることながら、戦争の反省を忘れて、彼を首相に据えた日本人の好い加減さの見本でもあるでしょう。とにかく、これ以上ないほど明白な歴史的事実を突きつけられても、責任を認めず、謝らない。南京大虐殺、従軍慰安婦問題でも、客観的事実を直視せず、できるだけ矮小化して済ませてしまう。こういう日本の首相が戦後の国造りの方向を導いたことを、私たちはもう一度しっかり思い出すべきです。ちなみに、この人は安倍晋三の祖父で、安倍の尊敬の対象です。日本はこのようにしてアメリカに従うことを第一に考え、韓国、中国、その他のアジアの国々との付き合いを、日米関係の枠組みの中でしかとらえませんでした。

大体、安倍首相の頭の中には日本の戦争が罪であったという意識がまったくありません。いわゆる歴史修正主義と呼ばれるグループの考え方に共鳴しています。あの戦争はアジアを西欧の植民地から解放する正義の戦いであったと考えるから、謝る必要はないと判断するのでしょう。

しかし、言うまでもなく、安倍首相のこの基本的姿勢は、日本の強まる一方の対米従属とは本来真っ向から対立します。2013年12月、安倍首相が靖国神社を参拝したとき、アメリカ政府は、「失望した」と、外交上異例の強い表現で非難しました。アメリカ国内では保守・リベラルを問わず、日本の歴史修正主義に対する懸念はきわめて根強い。第二次大戦に参加したアメリカの歴史が否定されるのですから、当然の反応です。この矛盾を抱えたまま、一段とアメリカにすり寄ろうとする日本は、いずれそのうち矛盾の爆発という事態を迎えるでしょう。

アメリカにも大戦にかかわる負の遺産がありますが、日本と違うのは、遅ればせながらであっても、被害者に対する謝罪と補償という実に行き届いた対処を行っていることです。1945年、11万2000人の在米日系人がルーズベルト大統領令によって強制収容所送りとなりました。その3分の2がアメリカ国籍だったそうです。戦後長らく、この問題は放置されていましたが、88年、レーガン政権の時代に、「市民的自由法」が作られ、約7万人の生存者に対して公式の謝罪が行われ、一人当たり2万ドルの補償金が交付されました。しかも、将来の世代に過ちを繰り返さぬよう教えるために、すべての収容所の復元・保存に当たっているそうです。過ちを直視して、被害者に詫び、正当に対処することが日本にも求められます。猿田佐世『新しい日米外交を切り拓く』（集英社クリエイティブ 2016年）によれば、父、祖父、叔父が収容所体験をした歴史学者、マイク・モチヅキ（ジョージ・ワシントン大学教授）は、「共感と寛大さに基づく近隣諸国との歴史的な和解が、日本の長期的で開明的な自己利益になることを認識するよう、私は切に期待する」と述べています。

かつて、ドイツのウィリー・ブラント元首相（在任1969～74年）も、日本への親切な助言として、アジアの隣国と仲良くする道を選ぶことを勧めました。ドイツは繰り返し、ナチスの被害国に対する謝罪を重ねたうえで、戦後のヨーロッパで新たな地位を得、ヨーロッパ連合（ＥＵ）に守られてアメリカからも自立し、いまやＥＵの中心的メンバーとなっています。状況は違うにせよ、残念ながら日本は、戦争被害国の人々に率直に詫びる政治家をもちませんでした。責任をあいまいな形にしたまま、ひたすら覇権国アメリカに従う道を歩いたのです。

１９９２年秋、平成天皇が中国を訪れ、「わが国が中国国民に対して多大な苦難を与えた不幸な時期があった［…］私の深い悲しみとするところです」と述べました。２０１６年1月にはフィリピンを訪問し、「この戦争においては、貴国の国内において日米両国間の熾烈な戦闘が行われ、このことにより貴国の多くの人が命を失い、傷つきました。このことは、私ども日本人が決して忘れてはならないことであり、このたびの訪問においても、私どもはこのことを深く心に置き、旅の日々を過ごすつもりでいます」と挨拶しました。政治的行動が許されない立場からの、精一杯の責任感を込めた発言だったように思われます。

4
アメリカの意志を第一として、日本は何を望んでいるのか？

２００９年、民主党の鳩山由紀夫政権が成立し、沖縄・普天間基地の県外移設を試みようとして、あえなく挫折しました。何の準備も根回しもせずに始めた杜撰極まりない計画でしたから、当然の結果ですが、あとで鳩山首相は、口実として抑止力の認識が浅かったと弁明せざるを得ませんでした。アメリカが意思表示をする前に、首相の足を引っ張ったのは、外務・防衛などの日本の官僚組織でしたが、沖縄基地にかんしては「抑止力」という神話が日本を縛り付けているのです。

アメリカは１９５２年の日本独立後も、沖縄の直接支配を続け、72年、沖縄返還が実現したあとも、軍事基地の管理運営の自由を維持し続けました。しかし、その間、アメリカはずっと、沖縄の基地を必要としていたのでしょうか。実は、ベトナム戦争のあと、アメリカ国防総省（ペンタゴン）は、沖縄の海兵隊の撤退を検討していました。巨額の軍事費による財政逼迫で、海兵隊を本国に撤退させる方が、安上がりで効率的であると考えたのです。ところが、日本政府がそれを引き留めたのです。そのために今も沖縄に海兵隊基地が残る結果になりました。72年の沖縄返還交渉を担当した大統領特別補佐官モートン・ハルペリンは2014年に沖縄を訪れた際、「まだ沖縄にこんなに基地があるなんて、自分が交渉した当時には、想像もしなかった」「日本側は返してほしいということを一切言わなかった。しかし、返してくれと言わなければアメリカは返さない。だから、『返してほしいのだったら、日本から言ってください』とアメリカ側からわざわざ伝えた」とさえ証言しています（前掲、猿田『新しい日米外交を切り拓く』）。これで、沖縄に基地を必要としていたのはアメリカよりも日本の政府であったことが明らかです。沖縄の住民にとっては、こんな腹立たしいことはないでしょう。

日本政府は、世界の状況がどんなに変わっても、昭和天皇のメッセージ以来、米軍に沖縄駐留を続けてもらうのが自国を守り、自国の利益になると考え続けてきたのです。この判断は正しいのでしょうか。単に抑止力神話を信じ続けているだけではないかと疑いたくなります。

習い性となった日本のアメリカへの依存心は、自国の平和を100％アメリカにお任せすることに行きつきました。核の傘に守られている以上、それ以外の選択肢はあり得ないと信じているようです。だから、2015年、集団的自衛権を可能とする法案（安全保障関連法案［安保法案］）を強引に通した安倍内閣は、いつでもアメリカの軍事行動を手助けできる体制を作ったのです。自国だけでなく、「国際の平和と安全」を守るために軍事行動を起こすべきかどうか、その判断をするのはアメリカであり、日本は文句を言わずにそれに従うだけです。

では、日本が頼みにしているアメリカの抑止力とは、一体どういうものでしょうか。

5 抑止力ということばはいつまで通用するだろうか？

皮肉なことに、沖縄の海兵隊の存在が抑止力として必要と言い出したのは、鳩山由紀夫元首相ですが、日本政府がありがたいお守りのように大事にしてきた抑止力は、本当に効き目があるのでしょうか。

ベトナム戦争後のアメリカの財政逼迫については先に触れましたが、その後も防衛予算の削減は続いています。とりわけ海兵隊の大幅な定員削減が予定されています。海外の前進基地の奪取と上陸を目的とする、いわゆる「なぐりこみ部隊」の存続意義が低下し、大軍の兵士とその家族を駐留させるコストがかかりすぎるからです。沖縄も当然、問題になります。

沖縄の海兵隊兵力がどれくらいかと言うと、１９９０年代半ば頃に2万１０００人から1万８０００人に減らされたそうですが、現在の実数はもっと少なくて1万２０００人から1万４０００人と言われています。さらに９０００人になる予定です。しかも、海兵隊は常駐しているわけではありません。主力の遠征部隊はハワイ、グアム、オーストラリアなどを巡回しているので、年間9か月は外に出ています。兵力を集中した基地は中国のミサイル攻撃の対象になるおそれもあるからです。それでも、米軍が沖縄にいるという事実は、中国や北朝鮮に対して、心理的な抑止力として働くでしょう。日本としては、「うしろに強いお兄ちゃんがいるのだぞ！」という効果はあるでしょう。でも、そのために「チビは黙っていろ！」と、沖縄に言って良いものでしょうか。

尖閣諸島に対する中国の脅威については、オバマもトランプも安保条約の防衛義務の対象であると明言して、日本を安心させています。しかし、常識で考えても、あんなちっぽけな、経済的に何の意味ももたない島のために、アメリカが軍事行動を起こすはずがないことは、すぐわかります。すでに米中は巨大な経済関係によって結ばれています。経済的な争いが激しくなることはあっても、軍事衝突の可能性は皆無と言えます。深い経済的つながりで言えば、日中もまったく同じです。たとえ現在の中国の政治的姿勢が挑発的であるとしても、それに惑わされずに、経済を基本に据えた冷静な外交交渉が大事であることは言うまでもありません。仮にも、尖閣のために沖縄を切り捨てることなど、許してはならないことです。

先に、対米従属は日本の外務省の姿勢そのものと書きましたが、外務省は、毎年最難関の試験に合格した優秀な人材を採用しています。そのエリートたちは、入省するや、日米友好関係を公理として受け入れ、疑問を抱くことのないように教育されているそうです。こういう体制がすでに半世紀以上続いて、政治家の背後で外交政策を操っているわけです。かれらは沖縄住民の生の声から限りなく遠いところにいます。

現に海兵隊の存在と役割が大きく変わろうとしているとき、日米友好のあり方そのものを的確に考えようとしても、今の外務省の姿勢では自主的な判断は不可能です。海兵隊は、アメリカ独立以来、組織の存亡を問われる事態を何度も潜り抜けてきた歴史があるそうです。削減の流れにある現在でさえ、海兵隊にとっては沖縄基地を利用することが自分たちの利益になるという面もあるかもしれません。海兵隊の抑止力が本当に日本のために働いているのかどうか、自立していない日本の外務省にはわからないはずです。

そもそも抑止力とは、もし相手が攻撃を仕掛けてくるなら大量報復で徹底的にやっつけるぞという意思表示で、相手の攻撃を未然に防ぐという考えに基づいています。第1章で述べた核兵器禁止条約に反対する日本政府は、アメリカの抑止力に依存する立場にあります。また、ソ連が核開発に成功してからは米ソが互いにより多くの核兵器をもとうと愚劣極まりない競争に入った結果、現在はロシアとアメリカの核保有がほぼ均衡状態になったので、平和が保たれていると説明されます。すべてにアメリカ一番でなければ気が済まないトランプ新大統領はさらなる核武装の強化、拡大を叫んでいますが、そのままアメリカの政策として実施されるかは、はなはだ疑問です。それよりはるかに可能性が高いのは、反イスラム勢力で固めた大統領府が中東で軍事行動に出ることです。国民の意志を無視して、集団的自衛権を強引に認めさせた安倍政権は、その場合もアメリカの言いなりになるのでしょうか。

6
専守防衛の自衛隊がアメリカの中東への軍事介入に加わる？

2004年、在日米軍は再編成によって、「日本および極東の平和と安全」に加えて「中東の危機」にも対応できる前線司令部の役割をもつようになっています。安保条約では日本の基地利用の範囲を極東（フィリピン以北の韓国および台湾）と定めていたのに、在日米軍はアフガニスタン戦争、イラク戦争に参加して、条約の拡大解釈をなし崩し的に進めていきました。また2014年に行われた日米協力の指針（ガイドライン）の見直しでは、日本の「周辺事態」への対応、という限定が作戦範囲から削られました。日本は基地の提供だけでもすでに戦略行為に加担していたわけですが、もし集団的自衛権を拡大解釈し、米軍の中東作戦に自衛隊が従うとすれば、決定的な憲法違反に踏み切ることになります。

オバマ前政権は、イスラム国（IS）など非国家主体によるテロ攻撃に対しては核抑止力が無効であると知って、そうした理由からも核兵器廃絶の方向を考えていましたが、トランプ新大統領は正反対の戦略に向かおうとしています。核はあくまでも抑止力として使い、通常兵器で「イスラム征伐」を始めかねない。日本は自国の平和と安全のための判断をこれまで一切アメリカ任せでやってきました。今回もアメリカに従う以外の選択肢をもたないつもりでしょうか。

２０１４年4月、安倍内閣は閣議決定のみで、「武器輸出三原則」[*]を撤廃し、「防衛装備移転三原則」なるものを発表、15年10月には防衛装備庁を発足しました。こうした動きは、国是として何十年も守られ、世論調査による支持率も高かった武器輸出三原則をいとも簡単に捨ててしまう、いわば確信犯と言うほかありません。戦後日本の国造りの基本は、あくまでも民需中心の経済立国であって、どの大企業も、防衛部門の占める位置は1割以下でした。今後は、軍事大国に伍して、死の商人の仲間入りをするつもりなのでしょうか。

安倍政権は「安全保障研究推進制度」なるものによって、大学研究者に産軍両用となる研究費を利用するよう呼び掛けています。大学の研究に対しては、すでに米軍から資金提供が行われている

＊　１９６７年、佐藤栄作内閣が打ち出した方針（①共産圏諸国、②国連決議による武器禁輸対象国、③国際紛争の当事国またはその恐れのある国には武器輸出を認めない政策）。その後76年三木武夫内閣は「あらゆる地域への武器輸出の原則禁止」を掲げたが、アメリカの圧力により83年中曽根内閣は三原則の枠外としてアメリカへの武器供与という抜け穴を作った。

ことが明らかになりました。研究者は研究費の自前調達を文部科学省から要求されています。研究予算が乏しい中で、軍事研究への誘惑を振り切るのは容易ではありません。

防衛省は、無人偵察機の開発をイスラエルと共同で行う計画を立てています。イスラエルはこの分野で6割の世界シェアをもつ国です。日本は、パレスチナ人を追い出して無法な植民地を拡大するイスラエルに加担しようとするのでしょうか。

トランプ政権は国防費1割増の予算方針を発表し、劣化した米軍を再建するために力による平和を外交政策の基本に位置付けました。厳しい財政下、そのしわ寄せは環境保護など、非軍事部門の予算のカットとなって表れます。もっとも、アメリカでは予算を決めるのは議会ですから、この実現はそう簡単にはいかないでしょう。ところが安倍政権はトランプに呼応して、5年連続最高額を更新中の防衛費をさらに増やそうと、国内総生産（GDP）の1％予算枠を無視したうえで、アメリカの武器を多量に購入してアメリカ経済に貢献するとまで約束し、あからさまなすり寄り方を見せています。

日本経済の拡張はこれまで産官学の協調で成り立ってきましたが、幸いにもアメリカのような軍産複合体の形成には至らずに来ました（第9章）。安倍政権の姿勢を見ると、まさに今が正念場です。対米従属、軽武装、経済立国という日本の戦後の国造りの方向が今このような地点に来たことをしっかりと確認し、はたしてそれで良いのかと問う必要があります。

２０１５年、国連は「持続可能な開発目標」（ＳＤＧｓ）を全会一致で採択しました。貧困、飢餓、エネルギー、気候変動、平和的社会など、持続可能な開発にかかわる17の目標が掲げられています。現在の世界の軍事費は合計１兆６７６０億ドルですが、持続可能な開発目標を達成するにはこの３分の２で済むそうです。ちなみに、国連難民高等弁務官事務所（ＵＮＨＣＲ）によるシリア難民プロジェクトの総額は１８００億円、これは海上自衛隊がアメリカから購入したイージス艦１隻分にほぼ等しいそうです（池内了ほか『武器輸出大国ニッポンでいいのか』あけび書房　２０１６年）。

１９４５年の敗戦から70余年、平和国家として再出発した日本は、これから「死の商人」である軍事大国の仲間入りをするのでしょうか。まだ何とか間に合ううちに、私たちは抵抗力を振り絞らなければなりません。日本学術会議は２０１７年３月７日、「安全保障と学術に関する検討委員会」において、過去に出した「軍事目的のための科学研究は行わない」とする声明を継承する新たな声明案を確認し、同月24日に「軍事的安全保障研究について」と題した声明を発表しました。私たちにとって力強い動きです。

戦争放棄・戦力不保持

第3章

憲法9条誕生の奇跡

1
私たちの憲法はどのような意味をもつのか？

憲法学者、辻村みよ子によると、現在多くの国々の憲法に平和にかんする条項があります（『比較のなかの改憲論——日本国憲法の位置』岩波新書　2014年）。抽象的平和条項の明示、侵略・征服戦争放棄の明示、国際紛争の解決手段としての戦争放棄の明示、中立・非同盟政策の明示、核兵器禁止の明示、軍隊の不保持の明示（日本のほかはコスタリカとパナマ）など、さまざまな表現があります。また、憲法上の記載はともかく、軍隊をもたない国は世界に27か国あるそうです（前田朗『軍隊のない国家——27の国々と人びと』日本評論社　2008年）。第二次大戦の悲惨な体験から、平和への強い願いがこのような形で表れたのでしょう。

そうした中で、1947年5月に施行された日本国憲法は、どのような特徴をもっているでしょうか。それは、国際平和主義に貫かれている点で、どこの国の憲法よりも徹底していることです。まず、前文に、「全世界の国民が、ひとしく恐怖と欠乏から免かれ、平和のうちに生存する権利を有する」とうたい、次いで、9条で戦争の放棄とあらゆる戦力の不保持を明記しています。さらに

9条は、「正義と秩序を基調とする国際平和を誠実に希求し」と述べ、国際協調への努力を大前提にしている点でも、普遍的な思想を掲げています。だから、私たちの憲法は、世界の平和のために先駆的な意義をもつ憲法なのです。

しかし、歴代の政府は、この徹底した平和思想を世界に広げる努力を怠ったばかりか、実質的に憲法を骨抜きにしてきました。憲法に軍隊をもたないと書いてあるのに、軍隊をもっているという、世界で唯一の珍しい国なのです。国民も大多数が自衛隊の存在と、米軍基地を認める日米安保条約を受け入れています。いわゆる反体制派も、この点では現状維持の上に立っているように見えます。人が平和に暮らすことを「権利」として憲法に記したのは、私たちの世界に誇る歴史です。この権利に基づけば、国家は戦争することを拒み、人殺しを強制することを拒めます。さらにそこから、良心の自由に基づく「良心的兵役拒否」の権利も生まれてきます（第10章）。

私たちの政府がこの素晴らしい憲法の平和精神を棚上げしているうちに、世界の方が私たちの理想に近づいてきました。2013年6月、国連人権委員会で「平和への権利宣言」が採択され、第1章ですでに述べたように、2016年12月には総会本会議で採択されました。日本政府はアメリカにならって、反対票を投じました。まさに憲法の骨抜きですが、この事実はマスコミも報道しませんでした。私たち国民もいつの間にか、あまりにも平和について無関心になっているのではないでしょうか。

こうした日本の行政のあり方には期待できませんが、司法にかんしては、数は少ないのですが、憲法を裏切らない、立派な判例があります。２００８年4月、名古屋高裁が、イラク派兵違憲訴訟において「平和的生存権の侵害に対する損害賠償請求」を棄却する判決を下したものの、判決文の中では、平和的生存権の具体的権利性を認める一文が明記されたのです。勝訴した国は控訴ができないので、判決は確定し、判例となりました。憲法にそぐわない現実がまわりに存在し、異常を異常と思わない風潮の中では画期的判決と言われますが、本当はこれが当たり前の、正常な憲法への対応であるはずです。

2
日本国憲法はどのようにして制定されたか？

ここで、世界に誇る日本国憲法がどのようにして生まれたのか、さかのぼって見てみましょう。よく占領軍に押し付けられた憲法だから、そろそろ自前の憲法をもとうという議論を耳にしますが、この「押しつけ」論が憲法改正、いわゆる改憲論の主要な理由になっているようです。たしかに、マッカーサーが、憲法に従う天皇世襲、戦争放棄と戦力不保持、封建制度の廃棄という三原則を提

示して新憲法の制定を急がせたことは事実です。しかし、日本の民間側の草案を取り入れたことも忘れてはなりません。そう簡単に押し付け呼ばわりするわけにはいきません。

1945年12月、リベラルで左翼的な日本の知識人が「憲法研究会」を立ち上げ、憲法学者、鈴木安蔵が中心となって、旧憲法とは完全に切れた、きわめて民主的な憲法草案をGHQ民生局に提示しました。これはその後の民生局の草案作りに大きな影響を与え、高く評価されました。この憲法研究会草案は、明治初期の自由民権運動の精神を受け継いでいます。アメリカの独立宣言（1776年）やフランスの人権宣言（1789年）に学んだ運動に発するのですから、この日本案には歴史的にも国際的にも深い根があります。つまり、日本国憲法は、敗戦後のどさくさの中で急ごしらえでできた憲法ではないのです（ジョン・ダワー『敗北を抱きしめて　上・下』三浦陽一ほか訳　岩波書店　2001年）。

GHQ民生局は、日本の新しい国造りの基本となる憲法制定に意欲を燃やしていました。25人が招集され、憲法制定のために八つの委員会が設置されました。実質的なリーダーはチャールズ・ケーディス陸軍大佐で、彼は誇り高きニューディール派*の弁護士として、まったく新しい考えを日本

＊　ニューディールは、1929年に始まった世界恐慌に対処するためにルーズベルト大統領が33年以降に実施した一連の経済・社会政策。ニューディール派とはこの政策の理想主義的な面を強く支持する学者や行政官を指す。

の社会に試し、活かそうとしました。なかでも異色のメンバーは、22歳のユダヤ系女性、ベアテ・シロタで、日本人は彼女の活躍のおかげで実に得がたい社会変革をも手にすることができました。彼女は少女期を日本で過ごし、その後アメリカのミルズ・カレッジを卒業、日本とアメリカ双方の文化を知るという稀有の経歴の持ち主です。日本の女性抑圧をめぐる状況については身をもって体験していました。彼女は委員会の人権を担当する小委員会に属して、積極的な提言を行いました。それが、日本国憲法14条「法の下の平等」と、同24条「家族生活関係における個人の尊厳と両性の平等」として実を結んだのです（ただし現実の日常では、憲法誕生から70年を経ても、女性の社会的差別の実態はアメリカよりはるかに厳しいわけですが）。アメリカ憲法には両性の平等にかんする条項はないそうです。

憲法の条文としては画期的な日本国憲法9条1項、戦争放棄について言えば、これにはモデルがあります。１９２８年8月のパリ不戦条約です。フランスの外相ブリアンとアメリカの国務相ケロッグが各国に呼びかけてパリで調印された、戦争を否定する初の国際条約です。国際紛争の解決手段、そして国策の遂行手段としての戦争を放棄するという内容です。国際連盟*に不参加のアメリカとソ連も署名したので、その後の世界の平和維持に大いに役立つと期待されました。しかし残念ながら、世界の動きはそれに逆行して、第一次大戦よりもさらに残酷な第二次大戦へと向かいました。人類はつねに平和な生存への願いをもち続けながら、その願いを裏切る愚行の歴史を繰り返してきたことがよくわかります。このパリ不戦条約がその後、日本国憲法9条の、「国権の発動たる戦争と、武力による威嚇又は武力の行使は、国際紛争を解決する手段としては、永久にこれを放棄する」という文言のモデルとなったのです。

また、格調高い理念あふれる日本国憲法前文について言えば、ここには間違いなく、先のGHQ民生局の委員会に集まった人たちの意志、アメリカ民主主義の精髄を盛り込もうとした跡が見られます。アメリカ独立宣言や、アメリカ憲法（1778年）、リンカーン演説（1863年）に体現された精神です。だから、押し付けられたと言えば言えるでしょう。しかし、その精神は人類に普遍的なものです。鈴木安蔵らによる憲法研究会草案もこの普遍的精神に貫かれていました。

このように、崇高な理想主義に基づいて作られた日本国憲法は、押し付け論議を超えて、きわめて価値のあるものと考えるのが、まっとうではないでしょうか。

＊　第一次大戦後、アメリカ、ウィルソン大統領の提唱で1920年1月に成立。

3 憲法9条と国連憲章との深いかかわり

9条1項の戦争放棄とパリ不戦条約とのつながりに加え、9条2項の戦力不保持の理念にかんしては、国連憲章との深いかかわりがあって生まれたことを忘れてはなりません。矢部宏治によれば、その基本理念は1945年に発効した憲章そのものにではなく、44年8月から10月にかけて、米英ソ中の4か国がダンバートン・オークス（ワシントン郊外）での協議で作成した「ダンバートン・オークス提案」（国際連合草案）に拠っています（矢部『日本はなぜ、「基地」と「原発」を止められないのか』集英社インターナショナル 2014年）。この提案には、国連安保理常任理事国である5大国だけに「世界政府」としての軍事力を認める、つまり、5大国による「国連軍の創設」という理想主義的な構想が盛り込まれていました。なぜこのような人類初の理想が生まれたのか。これについて評論家の加藤典洋は、第二次大戦終結直後のこの時期、壊滅的な歴史の反省から束の間の「火花」が世界を照らした、と表現しています（加藤『戦後入門』ちくま新書 2015年）。理想に燃えたのはGHQだけでなかった。他の勝利国すべてがみな、新しい世界づくりを目指していたのです。GHQの憲法草

案は、この国連軍創設構想に基づいて作られたようです。だから、戦争放棄・戦力不保持の原則は、国連軍への軍事主権の移譲とセットになっていたと言えます。

残念ながら、理想は容易には実現しません。その後、冷戦が始まり、5大国による国連軍創設会議は48年に打ち切りとされ、憲法9条2項の基盤がなくなりました。国連軍構想が消滅した48年以降、現実の政策として9条2項を支持するのはユートピア思想であると矢部宏治が言うのももっともかもしれません。しかし、それにもかかわらず、発布70年を経ても、保守派の執拗な改憲方針に負けずに、国民が憲法9条を曲がりなりにも変えずに守ってきた事実は、やはり大きいと思います。問題は、これから9条を本当に活かすには、どのようにすべきかということでしょう。

国連の歴史は、つねに大国の思惑に支配されてきました。国連が掲げた平和への理想は、度重なる安保理常任理事国の拒否権発動で、いつも何ら具体的成果を挙げられぬままに終わるので、がっかりさせられます。しかし、すでに第1章で触れたように、核兵器禁止条約、平和への権利宣言など、大国の反対を押し切って、小国の意志が多数を占める歩みも着々と進んでいます。日本は、アメリカの後ろにくっついて常任理事国入りを狙うというみっともない態度をきっぱりとやめて、平和を願う多くの小国とともに、新たな国連を作る方向へ向かうべきではないでしょうか。

4 新憲法発布後の政府と国民の反応はどうだったか？

では、理想に満ちた新しい憲法を日本人はどう受け止めたでしょうか？　日本の国内にも「火花」は見事な光を放っていたようです。上も下も大歓迎でした。

1946年3月、新憲法草案が公開されたとき、時の首相、幣原喜重郎はこう述べました。「我々は日本国憲法が国内においては民主的な政府のための基盤を確立し、対外的には戦争廃止のため世界の他国をリードすることを意図しなくてはならない。すなわち我々は国権の発動としての戦争を全面的に放棄し、他国とのあらゆる紛争を平和的手段によって解決するという我々の決意を、全世界へ向けて宣言しなければならない」。この高揚した口調は、彼の当時の心情の率直な表現だったのでしょう。

また、次の吉田茂首相（当時、自由党総裁）は、1946年6月の国会答弁で、「戦争は国家の合法的な自衛権によって正当化される場合もあるということが主張されてきたが、しかし私の考えでは、そのような認識は有害である。日本は今後の安全保障を国際的な平和組織に委ねることになる」と述べています。吉田はその後数年間、このような9条解釈を繰り返していますから、これは単なるその場限りの答弁だったとは思えません。

ところで、日本占領管理にかんする連合国の最高政策決定機関、極東委員会（GHQの上に立つ）は、新憲法制定におけるマッカーサーの独裁ぶりに反発して、日本国民が自由な意志の表明で新憲法を受け入れるかどうかの確認が必要であると判断し、「日本の新憲法の再検討に対する国民投票を含む規定」を定めました。しかし、日本の政府はその規定に対して積極的な反応はせず、最終的には、1949年4月、吉田首相（当時、民主自由党総裁）の「憲法修正の意志なし」という言明で決着しました。

実際、国民の圧倒的多数がこの憲法を支持していたのです。1946年5月27日の『毎日新聞』の世論調査記事によれば、象徴天皇制に賛成が85％、戦争放棄に賛成が70％でした。生活のすべて、生命さえも奪った戦争の被害に打ちひしがれていた国民にとって、象徴天皇制と平和主義という新憲法の原理は天啓のように感じられたに違いありません。

しかしながら、花火の輝きが衰えるにつれ、国民の憲法観は揺れるようになります。冷戦の激化で世界情勢が変わるにつれ、再軍備・軍隊保持のための憲法改正をめぐって、その後10年近く、反対と賛成の間で揺れます。1954年11月の『東京新聞』の世論調査記事によれば、47・55％：37・6％で、改正賛成が上回りました。それが、55年11月、保守合同で自由民主党（自民党）が発足し、党綱領に憲法の全面改正を掲げると、それに反応して９条護持の意識が高まり、一転して改正反対論が急増、その傾向は年とともに高まって定着するようになりました。加藤典洋は国民のかけがえのない戦争体験の跡をそこに見ますが、妥当な判断と思われます。とにかく、現在に至るまで、曲がりなりにも憲法９条は守られてきました。

5 保守化が強まる状況下で、憲法９条はこれからも守られるか？

安倍首相の再登場以来（第二次安倍内閣、２０１２年12月発足）、政府は、原発再稼働、集団的自衛権による安全保障、地元の反対を無視した沖縄・辺野古の新基地建設、カジノ容認など、国民の多数が反対する政策を強引に推し進めてきました。にもかかわらず、50～60％台の内閣支持率がいまだに続いているというのは、まことに嘆かわしい事態です。すでに自民・公明で衆議院の３分の2を占めていることでさらに強気になり、憲法改正を公言しています。また、その下準備として２０１３年には特定秘密保護法を、15年には集団的自衛権を可能とする安全保障関連法（安保法）を、司法関係者や一般市民の反対を押し切って成立させました。そして17年６月には、東京オリン

ピック前のテロ対策と銘打って、かつての治安維持法[*]に相当する「共謀罪」（テロ等準備罪）を盛り込んだ改正組織的犯罪処罰法まで成立させています。

この現状が続く限り、憲法9条の未来についても、国民が改正（改悪）に誘導されはしまいか、心配になってきます。これまで、結党以来の自民党が改正への具体的動きに踏み出せなかったのは、国民投票でかならず負けると予想されたからです。今ようやく機運が熟したと安倍政権は判断しています。

2004年、井上ひさし、加藤周一、澤地久枝、鶴見俊輔など、9人の作家・知識人によって「9条の会」が結成されました。この護憲運動は全国各地のさまざまな層に広がり、9条の理念に基づくいろいろな平和活動を通じて成果を上げています。ただし、国民投票のレベルにまで強い影響を及ぼす存在かと言えば、まだそこまでは行っていないでしょう。

ここに一つ、国民の憲法9条にかんする意識について、わりと楽観的な見方を示す書があります。評論家・思想家の柄谷行人が書いた『憲法の無意識』（岩波新書　2016年）です。非常にユニークで、しかも明るい展望につながる見方なので、ぜひ紹介したい。

＊　1925（大正14）年公布、28（昭和3）年改正、41（昭和16）年全面改正。主として共産主義運動の抑圧策として、市民の言論・思想を弾圧した。

柄谷はオーストリアの精神分析学者フロイト（１８５６〜１９２５年）の超自我という概念を援用して、ある集団がもつ文化のレベルにおいても無意識の超自我があり、文化はそう簡単に変わらないと考えます。柄谷によれば、日本人の場合、憲法９条がそれにあたる。そして彼は、この文化が生まれる歴史的経緯として、江戸時代にさかのぼります。明治から第二次大戦集結までの70数年間は異例の時期であって、それ以前の２５０年以上、日本人は戦争を知らない。したがって、敗戦で、戦争はつくづく厭になった。そこに、まるで神の計らいのように憲法９条が与えられたため、日本人は９条を何よりもありがたいものと感じることになった。だから、この憲法９条の文化はこれからも簡単には変わらないという見方です。

柄谷はさらに二つ、重要な指摘をしています。一つは、この憲法９条と象徴天皇にかんする憲法1条はセットであるということ。天皇の地位を存続させるために、マッカーサーが戦争放棄を憲法に入れたのはよく知られた事実です。現天皇夫妻は憲法擁護の立場を折に触れて行動で表していますが、それは皇室の存続のためにしなければならないことをしているからだと柄谷は言います。皇后は憲法の歴史的研究もしていて、明治憲法ではなく、自由民権運動から出てきた憲法草案、１８８１（明治14）年に書かれた五日市憲法草案を高く評価しているそうです。ちなみに言えば、私は個人的には天皇制は要らないし、天皇にはもっと人間らしい生活をしてほしいと思っていますが、現天皇夫妻のこれまでのあり方と具体的行動は、安倍政権批判として、かなり強烈なインパクトがあると考えています。

もう一つ、柄谷が指摘するのは、憲法９条は無力のように見えるが、強い力があるということです。戦争放棄宣言は戦争の権利を国際社会に贈与することであり、国際社会はいわばその受益者です。憲法９条を国際社会に周知させておけば、それに付け込む国は侵略国となるしかない。どんな軍事力もこの力には勝てない。憲法９条を夢想という人こそ、力について考えたことがないし、リアルではないと柄谷は言います。その力を具体的に示すには、９条を文字通り実行することを国連で表明すれば良い。それが国連の抜本的な改革につながる、と。大国以外の国連の最近の動きを見るなら、この提案は実に魅力的です。問題なのは、日本の政財界と言論界がそのような姿勢から遙かに遠い現状にあり、それが当分変わりそうもないということです。

6 憲法9条が空想ではなく、現実に有効な力を発揮している例

国連軍構想が夢と消え、実現の可能性も間近には見えない状況の下、それでも憲法９条の理念は力強く生き延び、世界の人々のために働いています。奇跡のように、あるいは天啓のように人類に

与えられた９条の精神のおかげで、国際的な平和活動を続けてこれた日本人たちの例を紹介しましょう。

まず、１９８４年にアフガニスタンとの国境地域、パキスタンのペシャワールでハンセン病を対象とした医療活動を開始し、両国国境周辺での人道活動に長年携ってきた医師、中村哲（ペシャワール会医療サービス［ＰＭＳ］病院院長）です。大国の理不尽な介入により引き起こされた戦乱の犠牲者、土地を追われ未曾有の干ばつに苦しみ続けるアフガン農民を救うにはまず水が必要であると、彼は現地で井戸掘りと用水路の建設に取り組みはじめました。賛同者たちとともに日本でペシャワール会という非政府組織（ＮＧＯ）を作り、アフガニスタンの復興のために人的・資金的支援を続けています。彼はその現地代表です。

中村哲『天、共に在り――アフガニスタン三十年の闘い』（ＮＨＫ出版　２０１３年）には、アフガニスタンに対するソ連軍の侵略と撤退、それに伴う軍閥間の対立と内乱、その後の米軍の介入と大量空爆、庶民を苦しめただけの国際的な経済制裁、そして米軍大幅撤退後の無政府状態と続く中で、およそなす術もなく犠牲となるアフガン農民を救うために、中村哲と彼の思いに賛同する人々、特に若者たちが全力で支援する様がつぶさに描かれており、こういう素晴らしい活動を立ち上げた日本人がいたのだと、心の底から感動を覚えます。

２００１年９月11日のアメリカ同時多発テロへの報復措置の一環として、米英の呼びかけに応える形で自衛隊の海外派遣が取り沙汰されていたとき、証人として国会に招かれた中村は、自衛隊派遣は「有害無益」と断言して、物議をかもしました。

前掲の書で中村は、日本の人々へ向けてこう記しています。「アフガニスタンの実体験において、確信できることがある。武力によってこの身が守られたことはなかった。防備は必ずしも武器によらない。一九九二年、ダラエヌール診療所［アフガニスタン北東部］が襲撃されたとき、『死んでも撃ち返すな』と、報復の応戦を引き止めたことで信頼の絆を得、後々まで私たちと事業を守った」。このことばには重みがあります。中村の活動はまさに、柄谷の言う文化レベルの超自我、憲法9条に基づくものではないでしょうか。

アフガニスタンについてはもう一人、中東の国際関係を専門とする国際政治学者、内藤正典が、憲法9条の精神を実践する和平のための話し合いを試みています。2012年7月、東京で日本・アフガニスタン両政府主催の「第2回アフガニスタン東京会合」（アフガニスタン支援会合。約80か国の政府関係者・国際団体が参加）が開かれました。それと前後して6月には、当時のカルザイ*政権の代表やタリバン政権時代の大臣など、対立する立場の要人が同志社大学に一堂に会する画期**（七一頁）

＊ 1957年生まれ、アフガニスタンの政治家。アメリカと協力してタリバン政権の打倒に参加。2002年、アフガニスタン・イスラム共和国初代大統領。

的な協議がもたれました。内藤の発案で同大学が招いたものです。この協議の後、大学裏の居酒屋で鍋を囲んだそうです。このニュースは世界中を驚かせました。タリバンが和平のために日本に来て、しかもこうした家族的な雰囲気の場に参加することはあり得ないと思われていたからです。もちろん、これは和解のプロセスの最初の一歩にすぎません。その後カルザイ政権は倒れ、いまだ混迷は続き、和平には遠い道のりがあります。

しかし、内藤は言います。

「大切なのは信義です。嘘をつかず、信頼関係を築くことです。〔…〕それなくして対話はなく、対話のないところに平和はないからです。そしてそのためにもっとも必要なことは、決して武力で相手を威嚇や、攻撃をしないことです。日本国憲法第九条の『国権の発動たる戦争と、武力による威嚇又は武力の行使は、国際紛争を解決する手段としては、永久にこれを放棄する』こそ、現代のイスラム世界で起きているカオスのような戦乱を平和に導く唯一の精神であり、実効性の高い規範でもあるのです」（内藤『イスラム戦争――中東崩壊と欧米の敗北』集英社新書　2015年）。

7

自衛隊南スーダン派遣部隊の撤収

政府は2017年3月、国連平和維持活動（PKO）の一環として南スーダンに派遣していた自衛隊を5月までに撤収すると発表しました（派遣第一陣の出発は12年1月）。安保法で可能になった集団的自衛権の初適用を狙って、「駆けつけ警護」の任務を新たに付与した矢先でしたが（安保法成立15年9月、「駆けつけ警護」任務付与16年11月）、事実上、戦闘状態にある現地の状況から、その任務の遂行は危険と判断したのでしょう。

国際関係論が専門の東京外国語大学教授、伊勢崎賢治は、PKO幹部も務めており、実際に2001年には国連シオラレオネ派遣団の武装解除部長として、武装勢力から武器を回収し、国連の内戦処理としては輝かしい成功例を導き出しました。また、2003年には日本政府特別顧問として、

＊＊（六九頁）　タリバンはイスラム主義組織。1996年から2001年までアフガニスタンの大部分を実効支配し、アフガニスタン・イスラム首長国、タリバン政権を樹立した。

アフガニスタンにおける武装解除という至難の努力に取り組み、国連にもできないことを可能にしました。アフガニスタンの軍閥は、「日本人だから信用しよう」と言ったそうです。

「アフガニスタン人の軍閥が憲法9条のことなんて知るはずもない。しかし、憲法9条のもとで暮らしてきた我々日本人に好戦性がないことは、戦国の世をずっと生き抜いてきた彼らは敏感に感じとる。そういう匂いが日本人にはあるのだ。これは、日本が国際紛争に関与し、外交的にそれを解決する上で、他国にはもちえない財産だといえる。そういう日本の特性のおかげで、ぼくらは、他国には絶対できなかった事をアフガニスタンでできたのだ」（伊勢﨑『自衛隊の国際貢献は憲法九条で――国連平和維持軍を統括した男の結論』かもがわ出版２００８年）。

同時に彼は、こうも述べています。そのような日本のイメージは「美しい誤解」に基づいている、現実には日本はアメリカの同盟国として活動しているから、誤解がいつまで続くか、瀬戸際にある、と。

そして南スーダンからの自衛隊撤収についてはこう問うています。ＰＫＯの役割が紛争の当事者になるように変わった現在、ＰＫＯに自衛隊が参加すること自体に無理がある、憲法9条の制約の中では軍法も軍事法廷もないのだから、もし自衛隊が誤って現地の住民を殺害したら、どうなるのか、と（『朝日新聞』２０１７年3月14日）。伊勢﨑は、自衛隊の存在を民主主義の法体系の中にしっかり位置付けるときが来ていると考え、もし自衛隊を専守防衛の軍事組織として認めるなら、「新しい９条」を作るべきではないかとも提案しています（伊勢﨑『新国防論――９条もアメリカも日本を守れない』毎日新聞出版 ２０１５年）。

8

憲法12条「この憲法が国民に保障する自由及び権利は、国民の不断の努力によつて、これを保持しなければならない」

憲法発布から現在に至る日本は、まことに残念ながら、基本的に９条をないがしろにして動いてきました。何もしなければ、日常の生活に紛れて、理想は忘れられ、消えていきます。まさに、「不断の努力」があって、初めて光を取り戻すのです。現首相が憲法改正（改悪）に大乗り気でいる現在、私たち一人ひとりが憲法を守る意識を強めるしかありません。

理想とはいつも目指すべきもののためにあり、決して現実離れした絵空事なのではありません。人類が生き延びるかどうかが問われているときに、これまでのやり方、考え方の枠を固く守ったまま、お互いの調整を図るのは、かえって非現実的です。従来の枠は現に有効性をもたないのですから。

世界の宝としての日本国憲法9条は、単に戦争放棄と戦力不保持を宣言しているだけでなく、人類社会のあり方そのものを根本的に変える力を備えています。すでに述べたように、私たちにこの宝が与えられたのは、私たち自身によるのではなく、あたかも天の恵みのようにもろもろの力が合体協力したおかげです。手にした恵みを活かさないのは、天が許さない。私たちはこの理想の実現のために一歩一歩前に向かうしかありません。間違いなく、何度も転び、挫折するでしょう。それは当然です。しかし、失敗こそが未来への力になるのです。

国民の大半がその存在を受け入れている自衛隊をどう考えるべきか、私はまだ結論を出していませんが、集団的自衛権を理由に他国に派遣することだけは絶対に認めたくありません。日本が国連安保理の常任理事国になり、国連改革の先頭に立って国連軍の創設を実現し、自衛隊をその組織に委ねるという方向を提案する人もいます。しかし、現政権の姿勢を見る限り、アメリカの意向に逆らうようなことをやるはずがありません。大国主義に結びつく常任理事国入りの問題についてはひとまず措くとしても、日本がアメリカ追随から国連中心へと軸足を移すのは容易ではないでしょう。それでも、まず何を措いても考えるべきは、米軍基地の撤廃、とりわけ沖縄の基地の撤廃です。そこからしか、未来の展望は開けません。次の二つの章で、この問題を取り上げましょう。そこには闇を照らす光があるはずだと、私は考えます。

琉球侵略・併合

第4章

米軍基地に苦しむ沖縄はアメリカの犠牲者であり、しかも日本の犠牲者です

1

世界史的に見て、沖縄ほど悲惨な場所はない

2010年、アメリカの政治学者チャルマーズ・ジョンソンが沖縄について書きました。「アメリカ政府は基地を維持することに取りつかれ、受け入れ国のことを顧みない。世界史的に考えて、沖縄ほど悲惨な場所は他にない。戦争で市民の四分の一が死に、その後はずっと基地を押し付けられている。自分が暮らすサンディエゴには全米最大の基地がある。普天間も、そこに持ってくればいい。沖縄のすべての基地をサンディエゴに持ってきても、まったく問題はない。その時、アメリカ政府は沖縄の人たちに謝罪をし、なおかつお礼を述べるべきだ」。この人は対日強硬派でしたが、冷戦終結後、アメリカの海外基地戦略批判に転じ、沖縄基地撤廃を主張しました。この発言の半年後に急死したのは、まことに残念なことです（大澤真幸編『憲法9条とわれらが日本――未来世代へ手渡す』筑摩書房 2016年）。

すでに第2章でも述べたように、アメリカは、日本と同じ敗戦国のドイツ、イタリアにも基地を設け、軍事演習を行っていますが、住民の生活への配慮を忘れていません。両国が厳しい制限を敷

いているからです。イタリアでは早朝・深夜の飛行訓練は禁じられているし、飛行ルートももちろん、定められた区域だけに限られます。唯一、日本だけが、東京の上空をはじめ全国各地で独占的な航空管制権をアメリカに認め、時間の制限もなく、上空をどこでも米軍機が我が物顔に飛んでいるのです。アメリカ国内でも許されないそんなことが日本では可能なので、軍にとってはまったく好都合でしょうが、住民はたまったものではありません。なぜこういうことになったか。これも繰り返しになりますが、日本政府がアメリカと交渉する気がないからです。本来はあり得ない現実が、占領終了後65年以上経った今も続いているのです。

さらに言えば、沖縄の人たちの犠牲は言語に絶するほど悲惨ですが、実は日本本土の米軍基地周辺でも、基本的には同様の被害が生じています。例えば、2017年3月、沖縄普天間基地配備の垂直離着陸輸送機オスプレイ6機が東京都の横田基地を拠点に2週間以上訓練を続けました。訓練空域も守らず、また夜間の訓練も行いました。演習協定を無視して、勝手放題に飛び回りました。あたかも日本が植民地であるかのような振る舞いです。しかしこれは、日米安保条約に基づく地位協定によって、米軍機の飛行は航空法の特例とする法律があり、どの区域でも、またどんな低空でも飛ぶことができるということになっているからです。日本政府はそれに対して、これまで一度も嫌だと言ったことがない。沖縄の状況は、こうした事態の凝縮された形なのです。

2004年8月、米軍の大型ヘリコプターが沖縄国際大学の壁に激突、炎上しました。ヘリの破片が大学と周辺のビル、民家にも飛び散りましたが、大学は夏休み中であり、乗組員の怪我を除けば幸い負傷者は出ませんでした。普天間基地は人口密度の高い住宅街の真ん中にあるので大惨事になっても決しておかしくない事故でしたが、不思議なのは、事故直後、海兵隊員があっという間に大学と基地を仕切る金網フェンスを乗り越えて大学を占拠・封鎖し、日本人の立ち入りを禁止したことです。日本の警察も消防も手を出せない。一見、無法のように見えます。しかし、憲法よりも上位にある地位協定にかかわる取り決めによって、合法的と言うのもおかしな言い方ですが、日本では政府も裁判所もそれを認めているのです。基地内はもちろん、米軍の財産がある場所なら日本中どこでも治外法権になる。大学が占拠されたのは、墜落した機体もその破片も米軍の財産だからというわけです（２０１６年12月、名護市の海岸に墜落したオスプレイの場合も同様で、日本側は事故について調べようがない）。

沖縄基地にかんするドキュメンタリー映画を撮り続けている三上智恵は、沖縄国際大学の事故の際、自分が通っていた大学に入ろうとして、「アウト、アウト」と怒鳴られ、追い返されたそうです。やむなく近くで煙にさらされて立っていたが、翌日、防護服を付けた米兵が放射線量の測定器で事故現場の数値を図っているのを目撃し、愕然とした。住民は、ヘリの機体の一部にストロンチウムが使われていることなど知らされていない。土に埋めたダイオキシン、貯蔵した毒ガスや化学兵器の漏れなど、基地内の動きについても、米軍は住民に報告する義務がない。基地を返還するとき、原状回復する義務もないのです（三上『風かたか――「標的の島」撮影記』大月書店２０１７年）。

沖縄にいる「在日米軍」は、実質的には今でも「占領軍」であり、１９４５年の日本敗戦から、何も変わっていません。それもそのはず、第３章で扱った世界の奇跡、憲法９条の誕生には裏の一面があったのです。理想主義的な占領政策は最初から沖縄の軍事基地化とセットになっていた、つまり、嘉手納基地に強力な空軍を置き、ここに核兵器を配備すれば日本本土に軍事力は要らないと、マッカーサーは48年３月、ジョージ・ケナン国務相政策企画室長との会談で述べていたそうです（前掲、矢部『日本はなぜ、「基地」と「原発」を止められないのか』）。

統治国としてのアメリカには本来、沖縄を国連の非自治地域リストに登録する義務があったのに、そうせずに軍事支配を続けました、明らかな国際法違反です。これについては次章で取り上げますが、沖縄の悲惨な状況はこのようなアメリカの独裁と日本の対米追従によって生まれたのです。

2　米軍統治と日本の全面協力

アメリカ民政府（米軍が沖縄に設けた政治機構）は「府令」を一方的に発令してこの土地を支配

し、1952年にやっと琉球政府を設けましたが、その主席は民政府が任命しました。アメリカへの忠誠を誓わない者は、公職を追放されました。56年、沖縄の自治と本土復帰を唱える社会運動家、瀬長亀次郎が那覇市長に当選すると、民政府は水攻め、補助金打ち切り、銀行融資拒否とあらゆる弾圧政策を講じたうえ、反瀬長派の策動を奨励して、翌57年に瀬長市長を引きずり下ろしました。その頃、アメリカは、アイゼンハワー大統領の「琉球の永久占領」宣言に従って、宜野湾市の伊佐浜や伊江島の土地を暴力的に接収しました。伊江島では、自分の畑で耕作しようとした農民は殴られ、拘束され、軍事裁判にかけられたすえに、「軍施設への不法侵入」の有罪判決を受けました（瀬長『民族の悲劇――沖縄県民の抵抗』新日本出版社 新装版2013年）。

1957年、瀬長市長追放に合わせて、民政府のトップにはアメリカ国防長官が任命する高等弁務官が据えられました。これは同時に在沖縄米陸軍の最高司令官を兼ね、公務員を罷免する絶大な権力を保持しました（松島泰勝『実現可能な五つの方法　琉球独立宣言』講談社文庫 2015年）。

松島によれば、アメリカ政府は当初、琉球人は日本人とは異なる民族であり、日本人に差別されていたとして、日本と琉球を切り離す政策を行いました。アメリカは「琉球人」ということばを支配のための道具として使ったのです。沖縄の人たちは、当然ながら憲法9条をもつ日本に救いを求めます。1952年の対日講和条約の発効で日本は独立しましたが、沖縄だけが例外にされ、アメリカの植民地として残ったまま支配され続けたのですから、日本への思いは募るばかりだったでしょう。しかしアメリカは、沖縄の日本本土復帰運動を反米運動として弾圧しました。

　そういう沖縄の人々に対して、日本はどのように報いたでしょうか。占領初期の1947年、昭和天皇が沖縄の軍事占領の継続を日本の利益になるとマッカーサーに伝えていたことは第2章で触れましたが、その後も日本政府はアメリカの沖縄統治に協力すべく、あらゆる努力を惜しみませんでした。やっと独立を認められた日本では、本土の米軍基地に反対する運動が盛んになります。そのため、米軍は1950年代半ば以降、基地を沖縄に集中しました。日本はその移転に協力することで、沖縄の基地拡大に貢献したわけです。当時の日本政府内には、沖縄にのみ犠牲を強いる日本の安保政策に苦しい思いを抱いた為政者もいたはずですが、60年後の現在、沖縄の人々の激しい反対をまったく無視して辺野古や東村(ひがしそん)高江地区でアメリカのために工事を強行する政府には、沖縄の民意に対する配慮のかけらさえ見られない。己の利益のために沖縄を踏みつけにして、恬(てん)として恥じない。そこには明白な差別意識しか感じられません。

　アメリカへの奉仕を優先させるのは、行政だけに限りません。第2章で米軍を特別扱いする裁判例について触れたように、司法もまたこれに加担し、米軍の存在と行動にかんしては憲法を踏み越えて協力してきたのです。1957年、東京都砂川町(現、立川市)で米軍基地拡張に反対して基地内に入った者が刑事特別法違反に問われるという事件が起こります。この事件で59年、最高裁は事実上、在日米軍の治外法権状態を認める判決を下しました。当時の最高裁長官、田中耕太郎が、アメリカ大使館の要請に従っていたことが明らかになっています（第10章）。司法までアメリカの意に沿って政治に追随したのですから、法治国家としてはあり得ない現実が日本に起きたわけです。それ以降、裁判所も、米軍による住民の人権侵害については判断を避け、アメリカにひたすら追従する政府の方針を容認する結果になっているのです。

１９７２年、やっと沖縄はアメリカの統治から脱して、日本に返還されました。ニクソン大統領と佐藤栄作首相との交渉がまとまったのです。佐藤は74年、「非核三原則」（作らず、持たず、持ち込ませず）と「アジアの平和への貢献」でノーベル平和賞を受けましたが、「平和的な沖縄返還」もその理由となりました。この受賞は噴飯ものと言えます。佐藤はもともと核武装論者であって、沖縄返還の内実は米軍統治時代とまったく変わらなかったからです。余談ですが、漫画家の赤塚不二夫は『天才バカボン』で「佐藤栄作がノーベル平和賞をとって以来、世の中すべてのことがまったく信じられなくなった」と言っています。とにかく、悲惨な統治の現実から脱却して日本本土復帰を熱望していた沖縄の住民は、完全に裏切られました。日米による沖縄返還協定は、米軍占領を継続する点では以前とまったく変わらず、ただ日本政府が沖縄に経済的支援を行うというだけの内容だったのですから。

3

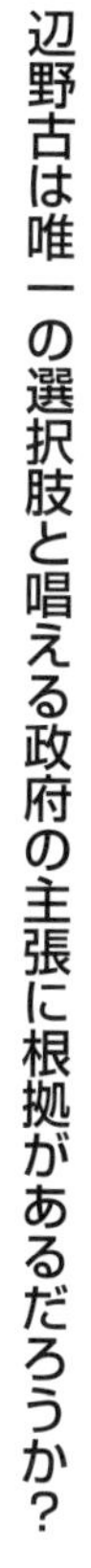

辺野古は唯一の選択肢と唱える政府の主張に根拠があるだろうか？

今、沖縄の世論が日本政府の強引な政策に強硬に反対している最大の問題は、辺野古新基地建設です。1996年、橋本龍太郎首相とモンデール米駐日大使との間で、5年から7年後に代替施設を準備するという条件の下、普天間基地全面返還の合意がなされました。前年に米兵少女暴行事件が起こり、沖縄の世論が普天間基地の存在を許さなくなって、両政府に対策を迫った結果です。これにより、条件付きながら普天間返還が約束されたのです。このときは、市街地ではなく海上に滑走路を移転する案でした。その後、さまざまな代替案が出されましたが、基本的には当初案通り、将来の海兵隊の引き上げも考慮して、撤去可能な海上施設としてのヘリポート、つまり固定化はしないという前提で普天間対策が進められてきました。ところが今や、辺野古の施設は、1800メートルの滑走路をV字型にもつ恒久施設と話は変わり、しかも、辺野古に作らなければ、普天間は動かさないと、いわば目的と手段が逆転してしまった。「唯一の選択肢」ということばを脅し文句として使う安倍政権のやり方は、強引と言うより、専制そのものです。

辺野古新基地の建設に、沖縄の人々がなぜこれほどまでに反対するのか。普天間の代替施設なら良いのではないかと思われるかもしれませんが、辺野古の場合は代替の飛行場ではありません。護岸、軍港、弾薬搭載区域が建設されるのです。しかも、新基地の運用年数は40年、耐用年数は200年です。要するに、沖縄の負担は軽減されるどころか、はるかに加重されるのです。

沖縄は珊瑚礁に囲まれた島であり、島の人々は珊瑚礁に棲む海洋生物とともに暮らしてきました。辺野古新基地は、なんとこの珊瑚礁を埋め立てて作るのです。しかも、辺野古のある大浦湾は、天然記念物のジュゴンだけでなく、たくさんの海洋生物が共棲する生命の宝庫です。そこに、何百というコンクリートの塊がすでに投げ入れられ、これから埋め立てが行われようとしているのです。

地球環境の破壊は人類にとって深刻な問題ですが、珊瑚礁域には海の全生物の３割が集中していると言われます。ある国際機関の指摘によれば、温暖化や海洋汚染のために２０５０年を待たずに全世界の珊瑚礁がすべて消える可能性さえあります。

「およそ９割のサンゴが死滅してしまっている沖縄本島のなかでも東海岸は再生が遅い。西側のように遠浅でサンゴの生息に適した場所が少ないこともある。そして西側は、サンゴが消えてしまったところでも、慶良間諸島から流れ着くサンゴの卵のおかげで再生のチャンスがある。しかし東海岸でサンゴの卵を大量に供給してくれるような場所は、大浦湾のほかになかななかない。つまり、人にたとえると、手足を刺しても生きてはいけるけれど、心臓を刺したら死んでしまうように、大浦湾を埋めるのは心臓を刺すようなものなのだ」（前掲、三上『風かたか』）。

単に沖縄にとってだけではなく、地球にとっても貴重な大浦湾の海を傷つけることが、どんなに理不尽で、許せない暴挙であることか、おわかりいただけるでしょう。辺野古を「唯一の選択肢」と主張するのは日本政府だけでなく、米軍も同じですが、本当にそうなのか、主にアメリカ側の真相を検討してみましょう。

２０１３年８月、「外交にさまざまな声を届ける」という理念で「新外交イニシアティブ」なるＮＧＯ組織が日本に生まれました。広く国際関係問題に携わる団体ですが、とくに日本外務省の対米一辺倒の姿勢とは異なる日本の声をアメリカに届ける活動に従事し、沖縄基地問題でも積極的な働きかけを行っています。事務局長の猿田佐世によると、アメリカには「国防権限法」という、世界中に展開する米軍の予算を決める重要な法律があり、16年の追加法案には「辺野古が唯一の選択肢」という条文が入っていましたが、「新外交イニシアティブ」はこの条文を取り除くために懸命の働きかけを続けました。結果、下院ではこの条文入りの法案が可決されたが、上院ではそれが削除された形で通り、成立しました。日本本土、沖縄の民間からの働きかけでアメリカの法案を変える、滅多にない大成功であったと猿田は言います（前掲、猿田『新しい日米外交を切り拓く』）。

アメリカの議員は沖縄のことなど知らない人が多い。そこで沖縄県は翁長雄志知事がアメリカ事務所を新たに開設して、基地問題にかんする広報活動を行うということですが、このＮＧＯ組織のさらなる働きかけには大いに期待したいところです。日本政府・外務省の民意を無視したアメリカ追随路線に対しては、粘り強く闘い続けるしかありません。

4
戦前も戦後も、沖縄に対する差別構造はまったく変わらない

米軍新基地工事によって、貴重な生き物の生存が脅かされているのはジュゴンだけではありません。２００４年11月、国際環境ＮＧＯ「国際自然保護連盟」（ＩＵＣＮ）はタイのバンコクで世界自然保護会議を開き、ジュゴン、ノグチゲラ、ヤンバルクイナの保全勧告を採択しました。

アメリカ海兵隊北部訓練場（沖縄県東村（ひがしそん）、国頭村（くにがみそん））の約半分の返還に伴い、ヘリパッド（ヘリコプター離着陸帯）を東村高江地区に移設する工事が２００７年に始まりました。もちろん、高江区民総会では反対を決議しています。しかし、住民の意志にお構いなく、政府は全国の機動隊を招集して工事を強行し、６か所のうちまず２か所のヘリパッドを作りました。しかも、15年からは、

何の断りもなく居座ったオスプレイが毎日、夜11時まで低空での訓練を繰り返しています。その騒音被害はすさまじく、およそ160人の住民の日常生活を不可能にし、避難した人もいます。

2016年に工事を再開、さらに2か所を完成させました。絶対に認められないとする住民はテント小屋を作り、座り込みを続けています。外からの支援も増えています（支援者には日当2万が出るというデマも飛び交う）。機動隊員の数は1000人にも及び、圧倒的な力で反対運動を抑え込む。運動のリーダーの一人は、器物損壊のかどで逮捕、起訴され、リンパがんという病を抱えているのに、5か月余りも拘留されました。地裁までも国の政策に反対する者を許さないようです。

2016年11月、工事現場での激しいもみ合いの中で、大阪府警から派遣されたある機動隊員が、反対する住民を「土人！シナ人！」と罵りました。これには猛烈な抗議が沖縄側から起こりましたが、安倍政権は差別には当たらないという認識を示し、大阪府知事もこの言動を擁護する趣旨の発言をしました。とんでもない話です。戦前の日本がアジアの植民地の住民を土人扱いした精神構造が、そのまま変わらず、今も沖縄に対して向けられている。一警官のことばはその表れです。政府はそうした差別意識を抱いたまま、ひたすらアメリカの意向に沿うべく、新基地建設を急いでいるのです。辺野古も高江もその犠牲です。ごく当たり前の生活をしたいという住民の素朴な願い、それを平気で踏みにじる政権および大阪府知事の態度は根本的に間違っています。

振り返れば、第二次大戦において日本で戦場になったのは沖縄だけです。「本土決戦」を少しでも遅らせる、いわば捨て石作戦のために、20万人以上の沖縄人が犠牲になりました。沖縄総人口の4分の1が死んだのです。本土の日本人を守るために沖縄を犠牲にしてもいいと考えた戦前と、日本の独立のために沖縄を切り捨てアメリカに差し出した戦後の差別の構造は、まったく同じです。

5 辺野古基地の機能強化の実態

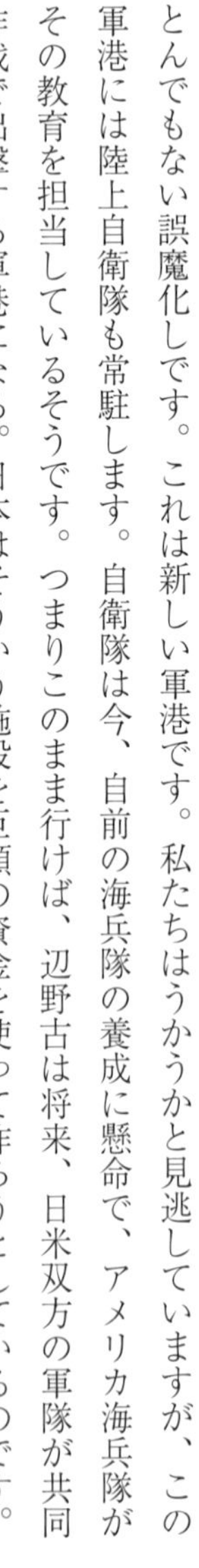

「辺野古は、滑走路だけだった普天間の代替施設である」——日米の当局者によるこの説明は、とんでもない誤魔化しです。これは新しい軍港です。私たちはうかうかと見逃していますが、この軍港には陸上自衛隊も常駐します。自衛隊は今、自前の海兵隊の養成に懸命で、アメリカ海兵隊がその教育を担当しているそうです。つまりこのまま行けば、辺野古は将来、日米双方の軍隊が共同作戦で出撃する軍港になる。日本はそういう施設を巨額の資金を使って作ろうとしているのです。

すでに引用している三上智恵のおかげで、私も認識を改めました。日本政府はこれまで、アメリカが沖縄から海兵隊を引き上げようとするたびに、「それは困る、是非ずっといて欲しい」と頼んできました。私はそれを、沖縄の住民の生活をかえりみない日本政府の横暴であると批判してきました。しかし、事は沖縄だけでなく、日本そのものにかかわる。それなのに、私たち日本人はその厳しい現実を直視してこなかったのだと思い知りました。三上は、沖縄に住み、先島諸島（石垣、西表、宮古島など）を経巡って、沖縄、日本、アメリカの関係についての厳しい現実を見つめてきました。２０１７年春から公開されているドキュメンタリー映画『標的の島』は、基地をめぐる現実を見事に描いています。彼女の認識によれば、敵の標的になるのは、単に沖縄ではなく、日本列島そのものです。

２０１６年3月、日本最西端の与那国島に初めて１６０人の自衛隊が配備され、レーダー基地が置かれるということは新聞で伝えられましたが、さしたる話題にはならなかったようです。「自衛隊には『南西シフト』なる計画があり、今後、宮古島に７００人から８００人、石垣島には５００人から６００人の警備部隊およびミサイル部隊を配備する予定である」と与那国の隊長は話しました。日本の防衛にかかわる、このきわめて重大な問題に対して、日本のマスコミの感覚があまりに鈍いことに驚かされます。

カナダで平和教育センターを主催している日本人、乗松聡子は、沖縄基地問題を英語と日本語で積極的に発信し続けている人ですが、南西諸島（九州南端から台湾東端にかけて弧状に連なる諸島の総称）への自衛隊配備が沖縄だけでなく日本の運命をも左右すると危惧しています。宮古島の自衛隊配備をめぐる勉強会で乗松は三上に言いました。「先島への自衛隊配備は日本では黙殺されているけど、国際的に注目されている。日本の最西端で尖閣諸島の近くにレーダー基地を置いた。[…]これを中国から見たらものすごい危機感、脅威、挑発として受け止められる」「海外から見たら、事実上の『日本軍』が戦闘態勢に入った。それもレーダーだけでなくミサイル部隊を置いて、ディフェンスからオフェンス、攻撃態勢を作ろうとしていることは、しっかり世界に報道されています」（前掲、三上『風かたか』）。

自衛隊はこれから石垣、宮古、沖縄本島、奄美と次々にミサイル部隊を配備し、南西諸島はいわば「軍事要塞」へと変えられようとしています。宮古島の場合は、配備に積極的な市長が配備計画にかんする情報を非公開のままに防衛省と協議しようとして、市民の猛反対を受けています。宮古島は山や川のない平らな島で、水はすべて地下水に頼っています。それなのに、自衛隊の予定地は、水源の真上に位置している。汚染されたら、島の住民は生きていけない。子どもたちを守るために、母親たちがやむにやまれず反対運動に立ち上がったのは当然でしょう。

防衛省の都合を住民に押し付けるのは石垣島の場合も同じです。２０１６年1月、島民に突然のミサイル部隊配備計画が持ち出され、於茂登（おもと）地区の三つの集落は全会一致で反対を決議し、防衛相に抗議文を突きつけた。かれらの結束は固い。住民の中心は沖縄本島からの開拓移民です。かれらの歴史は沖縄開拓団の3分の2の人たちの歴史に拠っています。それは、戦後、米軍に家と土地を接収されたかれらを、琉球政府が計画移民として南米や石垣島、西表島の未開拓地に送り込んだことに始まるそうです。石ころだらけの土地をやっとの思いで開拓し、苦労のすえに畑や花卉園芸で生活の安定を得た人たちです。米軍に追い出されたその人たちが、今度は自衛隊基地の犠牲になるのです。あまりにもひどい話ではないでしょうか。しかも、同年4月に行われた防衛省主催の説明会では、基地の場所、規模、運用についての説明は一切なく、もっぱら中国船の往来や自衛隊機のスクランブル発進（緊急出動）の増加など、今、日本の安全がいかに危なくなっているかを強調し、日本列島から南西諸島、台湾へと連なる「第一列島線」の重要性を説くことに終始したそうです。そして、宮古島と沖縄本島の間を中国船が頻繁に通ることに懸念を示し、ミサイル部隊の配備の目的は中国の太平洋進出に対する防衛措置であることを、石垣市民に隠さなかったそうです。

6 沖縄も日本本土も戦場になる想定での訓練

「第一列島線」というのは、中国の戦略上の概念です。戦略展開の目標ラインであり、対米防衛線です。これに対して、米海軍には「エアシー・バトル戦略」があり、中国を第一列島線の外に出さないよう日本もこの戦略に従って体制作りを図っています。万一の米中軍事衝突の際には南西諸島が主戦場になることを想定し、この地域の防衛強化を図ろうとしている。与那国、宮古、石垣へのミサイル部隊配備計画は、まさしくアメリカの意図を忠実に実行するものであり、日本の自衛隊はアメリカ国防総省（ペンタゴン）が２０１１年に打ち出したこの「エアシー・バトル戦略」に積極的に貢献しようとしているのです。国防上、米軍に従う道しかないとする自衛隊は、米軍の手先として、中国に対して、あからさまな挑発も辞さない構えです。

こういう状況の中で、新しい辺野古基地がどういう意味をもつか、考えるまでもありません。対中国作戦の拠点としての新たな軍事基地です。アメリカ指揮下の自衛隊の出撃基地なのです。

太平洋地域における米軍の最新軍事戦略に詳しい元宜野湾市長の参議院議員、伊波洋一は言います。「かつて沖縄の基地は遠い戦場に出撃していく場所だったが、今は違う。この島々が戦場になる前提で訓練をするようになっている」「日本列島を補給基地・後方基地にして沖縄で戦い、沖縄壊滅後は日本本土が戦闘地域になる。その想定の演習が、日米ですでに行われている」（前掲、三上『風かたか』）。

この想定では、軍事衝突が起こったら米軍はまず撤退する。つまり米軍としては、沖縄が中国のミサイル射程圏内に入っていて危ないから後方へと逃げる。南西諸島で戦うのは自衛隊であると、すでに２００６年の米軍再編時に日本との間で合意もなされている。軍事衝突が発生した場合、アメリカは米中の全面戦争にならないよう、日本国土の中に標的の島々を作り、「制限戦争」をする。

つまり、伊波によれば、中国もアメリカも自分の国土は攻撃されないという想定で事態が動いているわけです。

「エアシー・バトル戦略」はオバマ政権時代に立てられたものです。トランプ政権に代わってどうなるか、一層強硬な路線へと向かう可能性も高そうですが、逆に中国との縁を強めることもありうるし、予断を許しません。たとえどうあろうとも、安倍政権はひたすらアメリカに従うでしょう。官房長官は、新基地建設に対する翁長知事の抗議に対して、「戦後の政治までさかのぼられると、話し合いは難しい」と言いましたが、とんでもないことです。沖縄の歴史から目を背けて、日本とアメリカの軍事作戦だけで辺野古に新基地を作るなど、どうして許されるのか、まったく理解に苦しみます。なぜ安倍首相は沖縄の人々の生活を虐げて、平然としていられるのでしょうか。

7 ふたたび沖縄が戦場にならないための方策はあるだろうか？

第二次大戦で、国内で唯一戦場になった沖縄の悲劇を二度と繰り返してはなりません。沖縄の人々は「軍隊は住民を守らない」ことを骨身に沁みて体験しました。すでに述べましたが、沖縄の

日本軍は最初から本土決戦を遅らせるためだけの捨て石部隊でした。物資・食糧の補給もないから、住民から奪い、戦闘の邪魔になると強制移住させ、最後は集団自決に追い込んだのです。

日中の争いの焦点になっているかに見える尖閣諸島は、もともと琉球王国の進貢船が中国に通う際に航路標識代わりに使っていただけの、経済的には価値のない島々です。明治政府が琉球処分*によって領有を宣言し石垣市に帰属させましたが、今は無人島の島々です。1970年代から中国も領有権を主張して対立していますが、歴史的に見るならば、近代国家の論理で解決を図るよりも、東アジア地域の共有地、共同使用の島々として平和の拠点とすべき場所です。

中国がここを武力で占領するとは考えられません。経済関係で深く結ばれている米中が、尖閣をめぐって争う可能性は皆無でしょう。米軍は軍としての論理で「エアシー・バトル戦略」を掲げていますが、日本政府・自衛隊がその論理を丸ごと受け入れて、沖縄そして日本本土を危険にさらすのは正気の沙汰ではありません。己の利益のために、我が身を守りつつ属国を利用するアメリカは恐ろしい国です。しかし、利用されることが己の利益であると信じる日本も日本で、何とも愚かしい国です。愚かしい国に住む人間には、まことに恐ろしい事態です。

沖縄は数え切れぬほど、日本にひどい目に遭わされてきました。琉球王国時代の薩摩藩による侵略と明治政府によるやはり武力的威圧を伴う併合（これについては次章で触れます）、第二次大戦時中の受難、戦後のアメリカの暴政、そして念願の日本本土復帰後の基地継続と、耐えがたい仕打ちが続いて、今の辺野古があるのです。保守政権が続く限り、日本は対米従属路線を頑迷に守るでしょう。

それでは、新基地建設の勢いを止めることは絶対に不可能なのでしょうか。どこかに明るい光は見えないのでしょうか。

中国の政治思想史研究家、孫歌が辺野古の砂浜で、ある老婦人に「この反基地の闘いに勝てますか」と尋ねたときの答えに、実に印象的なことばがあります。「私たちはかつて自由な琉球をもっていたことがあり、自由に東アジアや東南アジアと貿易を行うことができました。そうした時代をまた手にすることはないでしょうが、忘れてはなりません。私は子や孫たちに、私たちが自由への理想は放棄しなかったことを何としても知ってもらいたいのです」（孫『歴史の交差点に立って』（日本経済評論社　２００８年）。

この理想こそ、沖縄の人々を支える礎でしょう。琉球が沖縄にされていた期間はわずか１００年足らずにすぎません。沖縄が日本の下にあり、日本がアメリカにぶら下がっている限り、辺野古基地は作られます。しかし、第1章で述べたように、今や一握りの大国が牛耳る世界ではなく、大国

＊　１８７２（明治５）年の琉球藩設置から79（明治12）年の沖縄県設置に至る明治政府による一連の暴力的措置の総称。琉球王国はこの過程で滅亡し、日本に併合された。

の横暴にストップをかける中小の国々が新たな秩序を描いていく世界へと移行しつつあります。日本にも、アメリカの支配を振り切って国連の活動に歩調を合わせる道があるはずです。

２０１０年3月、国連の人種差別撤廃委員会は琉球人を独自の民族、先住民族と認め、米軍基地の押し付けは人種差別に当たるとして、日本政府に改善を勧告しています。日本政府はこれまで、国連の自由権規約委員会に対して「本規約に規定する少数民族はわが国には存在しない」と主張してきましたが、２００８年6月に、「アイヌ民族を先住民族とすることを求める決議」を衆参両院が可決しています（これについては第8章で改めて触れます）。沖縄についてもこれを活用しない手はありません。思えば、アメリカの沖縄統治の一時期、統治を有利に運ぶために、アメリカは琉球民族の独自性を積極的に打ち出しましたが、皮肉な話です。沖縄が自己決定権を手にするのは容易なことではなく、時間のかかることでしょう。しかしながら、八方ふさがりの現状を打ち破る方向がここにある、というか、ここにしかない、ということは言えます。戦後ずっとアジアの基地センターにされ続けてきた沖縄が、アジアの経済・文化センターとして自立し、アジアの平和を守り、アジアの平和を広げる中心になると想像するのは、闇の中に大きな光を見据えることではないでしょうか。次の第5章では、この壮大な夢をめぐって考えてみたいと思います。

民族の自立・共生

第5章

琉球を東アジアの平和センターに！

1 日本国沖縄県という地位はかりそめです

「沖縄」とは、本来、沖縄島という一つの島の名前です。独立国として存在していた琉球を公式に呼び変える名称として「沖縄」が使われたのは、１８７９（明治12）年から１９４５（昭和20）年までと、72（昭和47）年から現在までの１００年余りにすぎません。戦後の空白は、もちろんアメリカによる統治の時代です。

日本は１９５２年の対日講和条約の発効によって占領状態を脱し、独立国となりましたが、いわば交換条件として、沖縄をアメリカに差し出しました。同条約の３条には、こうあります。

日本国は、北緯二十九度以南の南西諸島（琉球諸島及び大東諸島を含む）、孀婦岩（そうふがん）の南の南方諸島（小笠原群島、西之島及び火山列島を含む）並びに沖の鳥島及び南鳥島を合衆国を唯一の施政権者とする信託統治制度の下におくこととする国際連合に対する合衆国のいかなる提案にも同意する。このような提案が行われ且つ可決されるまで、合衆国は、領水を含むこれらの諸島の領域及び住民に対して、行政、立法及び司法上の権力の全部及び一部を行使する権利を有するものとする。

つまり、沖縄は本来、国連の信託統治制度の下でアメリカに施政権が委ねられるべきところ、実際にはそのようにはせず、アメリカが沖縄を植民地として直接支配することを、日本はこの条約で約束したわけです。もし信託統治が行われていれば、沖縄の住民は、施政権者の不正について国連に提訴する権利が認められていたはずです。

1972年、沖縄の施政権は平和憲法をもつ日本にやっと返還されました。ところが、米軍基地はなくならず、新たに自衛隊の基地さえ作られることになります。沖縄はまたしても日本に裏切られました。本来、信託統治の土地が新たな政治的地位に移行するときは、国連監視下で住民投票を行うという国連による取り決めがあります。しかし、日本政府は当事者の琉球政府の存在を無視して、当然のように「日本所属」を決めました。これは歴史的に見て、また国際的に見て、何ら問題のない措置だったと言えるでしょうか。

日本政府としては、過去の既成事実を根拠に戦前の状態に復帰しただけである、という立場でしょう。しかし、1609(慶長14)年の島津藩による琉球侵略と年貢制度導入はもちろん武力による侵略の典型ですが、それはひとまず措いて、1872(明治5)~79(明治12)年の明治政府による琉球処分（79年、琉球王国の日本への併合）にさかのぼって考えるなら、１９７２年の日本政府の立場にははなはだ疑問があり、現在の沖縄の法的地位については改めて検討される必要があります。

１８７９（明治12）年３月、明治政府は武装警官１６０人、熊本鎮台兵４００人で首里城を包囲し、「廃藩置県」を通達し、鍋島県令を発令しました。それまでの琉球王国と清国との朝貢関係、琉球王国とアメリカ、フランス、オランダとの条約締結、琉球側の清国への働きかけや手段を尽くしての抵抗などに対して、明治政府はこれらすべてを武力で押し切って琉球つぶしを断行したわけです。この琉球処分は、日本のその後の朝鮮、台湾に対する植民地支配につながっていきます。当時の新聞の論調は圧倒的に政府を支持し、琉球蔑視に満ちていました。しかし、その状況にあって、自由民権派の植木枝盛が愛国社（自由民権運動の全国的指導組織）の機関誌『愛国新誌』の中で「琉球の独立せしむべきを論ず」と主張して、日中間の琉球問題を世界の平和とアジアの連帯の方向で解決すべしと説いたことは、現在の私たちにとり唯一の救いです。これは、過去の歴史における少数意見の存在が、後世の私たちにとってどれほど重要かを理解する一つの実例となるものです。

幕末期、欧米諸国の政府代表を乗せた船が、日本を開国させるために江戸に押し寄せます。その際、各国は那覇港を重要な橋頭堡とみなし、まだ日本に併合されていない琉球王国と次々と修好条約を結びました。１８５４（安政１）年７月の琉米修好条約、同年11月の琉仏修好条約、59（安政

6）年7月の琉蘭修好条約です。アメリカとの条約について言えば、アメリカの権利と琉球の義務だけを盛り込んだ不平等条約で、のちの軍事基地押し付けにつながる占領意識が早くもうかがえるものになっています。それはさておき、この三つの国は少なくとも琉球を独立国として認めていたわけですが、その後日本政府は、「琉球処分」の際にこれらの条約の原本を没収し、原本は現在も外務省が保持しているそうです。

１９６９年に国連でウィーン条約法条約が採択されました。80年に発効し、日本は81年に加入しました。これは、「条約にかんする既存の『国際慣習法』」を成文化した一般条約です。その51条に、「国の代表者への脅迫や強制行為の結果、結ばれた条約（合意）は無効」という規定があります。この規定は、琉球が武力によって併合を強制された当時、すでに「国際慣習法」が成立していたので、「琉球処分」に対しても適用が可能となるものです。韓国やハワイの併合条約に対しても同様です。現在の国際法研究者の見解は、修好条約を結んだ琉球は国際法上の主体であり、日本の一部ではなかった以上、「琉球処分」は国際法上、不正との見解に立っているそうです（琉球新報社・新垣毅編『沖縄の自己決定権――その歴史的根拠と近未来の展望』高文研２０１５年）。

２０１４年5月、『琉球新報』がこの問題について外務省に質問書を提出しました。それに対する外務省の回答は、珍しく正直です。「『琉球処分』の意味するところについては、さまざまな見解があり、確立した定義があるとは承知しておらず、外務省として確定的なことを述べるのは困難である」。外務省のこの回答を見ると、外務省側は琉球処分が合法的な措置であったと言い切ることができず、既成事実をただ再検討の対象にしていないだけであることがわかります。ということは、琉球の地位については、今すぐにでも法的な吟味の対象になりうるということです。

アメリカは侵略の歴史を重ねてきた国ですが、過ちを認めたときは、公式に謝罪する国です。そこに日本との大きな違いがあります。１８９８年のアメリカによるハワイ王国併合にかんして、ハワイの先住民族はこれを国際法違反とみなしアメリカの責任を追及してきましたが、併合から約１００年後の１９９３年、アメリカ議会は、「ハワイ先住民族の自己決定権が侵害されたことを謝罪する」との決議を行い、クリントン大統領が署名しました。先住民族への土地返還や主権回復は未解決のままですが、とにかくアメリカ側に非があることを認めて謝罪しました。日本はいつ琉球に謝るのでしょうか。

2
住民の自己決定権

第二次大戦は人類史上最大の悲劇でしたが、この戦争によって、それまで世界を覆っていた帝国

主義体制と植民地支配の基盤が揺らぎ、20世紀後半に生じる広範な民族独立の動きが準備されたことは確かです。アジアでは終戦直後から大国のくびきを脱して、インド、インドネシア、マレーシア、フィリピン、ビルマ（ミャンマー）などが独立し、また、1960年に国連で「植民地独立付与宣言」が出されてからは、アフリカでも多くの国々が独立します。自治の権利を自覚した住民が自己決定権を確立していくこの動きは、もはや止めようのない世界の流れとなりました。

沖縄の人々も、もちろん、この自己決定権を求めて、今も懸命の努力を続けています。第4章の最後でもちょっと触れましたが、2010年3月、国連人種差別撤廃委員会は、「沖縄への米軍基地の不均衡な集中は現代的な形の人種差別だ。沖縄の人々が被っている根強い差別に懸念を表明する」と、踏み込んだ見解を採択しました。そして2012年には、辺野古移設と高江へリパッド建設を取り上げて、地元住民の権利を守る具体策について説明するよう、日本政府に異例の質問状を送っています。また国連教育科学文化機関（ユネスコ）も、2009年、日本政府が琉球民族の独自性を認めないことに懸念を表しました。さらに国連は、2014年7月に人権委員会が、同年8月には人種差別撤廃委員会が、日本政府に対して沖縄・琉球人の「先住民族としての権利の保護」を勧告しました。

国連機関がこれほどまで執拗に日本政府に働きかけるのは、当の日本政府がまったく勧告に応じないからです。日本政府はこれらの勧告を、沖縄の人々は日本民族であり人種差別条約の対象外であるとして、いわば門前払いしています。国連機関はこの主張を受け入れていませんが、日本政府の態度はまったく変わりません（前掲、琉球新報社ほか編『沖縄の自己決定権』）。

日本国内では日本単一民族説を疑う人が少ない。長い歴史をもつ社会ならばかならず伴っている多様性、複合性への関心も低い。しかし、事実としては、日本においても異なる民族が共存してきたことを忘れてはなりません。アイヌ民族があり、朝鮮民族があり、そして琉球民族があります。前章でも触れたように、２００８年６月、衆参両院で「アイヌ民族を先住民族とすることを求める決議」が可決されました。日本政府はそれまで、この訴えをなかなか認めようとしませんでしたが、アイヌの人たちが国連人権委員会で繰り返し主張してきた結果、ようやく国会で可決され、官房長官がその先住権を確認したのです。

社会通念上、単一であると思われている社会は、少数民族にとってきわめて生きにくい社会です。社会のまとまりの良さが、少数者への差別と排除を伴うからです。現に、アイヌの人たちにとって、先住民族と認められた先の国会決議は改善の第一歩ではあっても、自己決定権についてはほとんど認められていません（アイヌ民族については第８章で取り上げます）。一方、琉球民族にとっては、その第一歩が始まらないどころか、基地強化という流れで従属性がさらに深まり、自己決定権は遠ざかる一方です。国内常識と国際常識がまったく食い違ったままにとどめるのが、日本政府の一貫した方針なのです。

3 琉球の自己決定権は、どのような過程を経て可能になるだろうか？

さまざまな論者が琉球の自己決定権について論じています。その獲得のプロセスを具体的かつ論理的に述べている一つの例として、松島泰勝が『琉球独立への経済学——内的発展と自己決定権による独立』（法律文化社　２０１６年）の中で示している手順があります。その大枠を見てみましょう。

１　県議会が、国連脱植民地化特別委員会の「非自治リスト」に琉球を加えるよう求める決議案を採択する。

２　諸関係機関の協力を得て、琉球は「非自治地域」となり、国連の支援を得ながら、脱植民地化のための活動を展開する。

３　国連監視下の住民投票で過半数の独立支持を得て、世界に独立を宣言する。

仮に、この手順が実際に行われ、独立に向けて事態が動き出すとしたら、日本政府はどう対応するでしょうか。もちろん、絶対に認めないでしょう。１９９７年２月の衆議院予算委員会において、沖縄独立の可能性が議論になった折、内閣法制局長官の見解は明確でした。日本国憲法には独立にかんする条項がないから、合法的に独立はできない、たとえ県議会が定めた住民投票で独立支持が過半数を占めても、憲法に基づかない独立は無効である、これが日本政府の公的回答でした。政府としては、そう言うしかなかったのでしょう。

では、日本政府によるこの論理は国際的に通用するでしょうか。もしこの論理が通用するなら、第二次大戦後に独立を勝ち取った多くの国々の誕生も、宗主国の憲法に基づき無効と判断されたでしょう。そんなことはあり得ません。ほとんどの新しい国は宗主国の憲法に従わず、いわば憲法に逆らって独立したはずです。琉球独立という選択肢についても、戦後の歴史を振り返れば、アジア・アフリカ諸国の独立と同じ手順で考える余地が十分にあります。

琉球の参考になる例として、まず、アメリカから独立したパラオ、ミクロネシア、マーシャル諸島の場合を取り上げてみましょう。

太平洋諸島は、ドイツ領、日本の委任統治などを経て、戦後、国連安保理の管轄下に置かれ、アメリカが施政権を握っていました。アメリカはこの地域を一括して、ミクロネシア連邦として独立させる計画でしたが、その案は個別の独立を求める住民たちに拒否され、結局１９８６年、ミクロネシア連邦とマーシャル諸島共和国の二つが独立国としてアメリカと自由連合盟約を結びました。パラオのみ、81年に自治政府を発足させ、その際に制定した「非核憲法」をめぐって自由連合盟約の承認に時間がかかり、ようやく94年、パラオ共和国として独立しました（これを最後に国連の信託統治制度が終わりとなります）。いずれの場合も、アメリカの言いなりにはならずに、自己決定権を貫き、現在に至っています。特にパラオは人口約2万の小国ながら、自国の将来のために理想的な方向を選択し、見事な成果を上げています。

かつてパラオの日本大使館で専門調査員として働いた経験をもつ松島泰勝の伝えるところを知ると、パラオの国造りのすばらしさに感動すら覚えます（松島『琉球独立論――琉球民族のマニフェスト』バジリコ2014年）。

すなわち、こうです。この国は環境・自然保護を国是としており、海洋生物を守るために、排他的経済水域での商業漁業の禁止まで考えています。金銭的利益よりも人間と海洋生物との共生を重視する。観光を重要な財源とし、外国人観光客は入島税と出国税を課されますが、それらはすべて環境保護のために役立てられます。こうした努力により、パラオは「ダイビングの聖地」「自然保護運動のセンター」として、世界的に認められるようになったそうです。また、土地共有性があるから外国人は土地を所有できない。さらに、外国企業はパラオ人優先の労働雇用政策を義務付けられている。そうした政策を根底にもつのが平和国家パラオなのです。ふたたび戦争に巻き込まれないために、憲法には非核条項が取り入れられました。アメリカとの自由連合盟約によって軍事権はアメリカが掌握するという取り決めですが、小さな軍事施設があるだけで軍事演習も行われない。パラオの大統領は、独立にあたり、有事のとき以外は広大な米軍基地を配備しないという約束を取り付けたそうです。やるべきことをやっていると、感心しないわけにはいきません。

もう一つ、世界における独立運動の最近の例として、スコットランドの場合を見ておきましょう。

２０１４年9月、スコットランドでイギリスからの独立の是非を問う住民投票が行われました。もともとイングランドと合併する18世紀初頭まで独立国であったスコットランドですから、合併後も独立を求める動きは根強い。イングランドはそれを阻止するために、20世紀末に大幅な権限移譲を行い、スコットランドに自治政府と議会を発足させています。独立支持の理由の一つには、１９６０年代後半からスコットランドの沖合で開発されてきた北海油田の経済的繁栄があります。しかし、もっと大きな理由は、原潜基地の撤去を求める声の高まりです。２００３年のイラク戦争がそうであったように、イギリスはつねにアメリカと組んで世界の軍事的覇権を支えてきました。スコットランドの住民は沖縄の住民と同じく、軍事基地の撤去を求めたのです。住民投票の結果は、反対が賛成を上回って、イギリス残留ということになりました。しかし、イギリスがＥＵ離脱を決定したあと、離脱反対派の住民による独立運動がふたたび盛り上がっているようです。スコットランド行政府は2年以内に、独立を問う2度目の住民投票を目指しています。

かれらの独立運動のやり方は、主権国家から自分たちの主権を分離し、平和的に独立していくための世界的な模範例になります。残念ながら日本政府はイギリス政府のように、琉球独立のための住民投票を認めそうにはありませんが、先例として大いに参考になるはずです。スペインのカタルーニャ地方の独立運動もスコットランドに学んでいます。２０１７年10月、カタルーニャ自治政府は中央政府の反対や憲法裁判所の差し止めを押し切って住民投票を実施し、独立賛成派が多数を占めました。中央政府はこれを認めず、今後の成り行きが注目されます。スコットランド独立運動のリーダーたちは、辺野古の新基地建設問題にも強い関心を寄せ、激励と連帯のメッセージを送っているそうです——「明確な信念に支えられた民衆の力は、かならず勝利に導く」（前掲、琉球新報社ほか『沖縄の自己決定権』）。自己決定権を手にするためには、決して諦めないことが大事です。

4
琉球独立に必要な経済的自立の可能性

ただ、今現在、琉球独立を問う住民投票をしても賛成派が過半数を超える状況にはありません。２００５年の『沖縄タイムズ』の調査によれば、独立の支持者は約25％にとどまっています。不支持の理由は、自立能力が十分でないという回答が最も多かったそうです。

日本から離れれば、経済的にやっていけないのではないか——これだけ日本政府に痛めつけられても、そう考える人が多いのは当然のように見えます。しかし、実際の経済指標をみれば、かならずしもそうとは言えないことがわかります。沖縄は米軍基地の負担と引き換えに、多額の補助金を国からもらっていると思われていますが、特別多額の恩恵を受けているわけではありません。国への財政依存度を見ると、高知県が41・2％で全国1位、沖縄県は37・5％で5位です（２０１１年度）。たしかに、沖縄は特別な振興開発予算を得ていますが、その9割は公共事業費です。それによってインフラが整備され、社会生活の土台が作られたとは言え、その主な事業主は本土の大企業であって、地元企業ではありません。地元企業は下請けとしてそのおこぼれにあずかっているにすぎません。アメリカ統治の時代も復帰後の時代も植民地経済に完全に組み込まれていた沖縄は、自立能力が不十分なのではまったくなく、単に経済的な自立の可能性を閉ざされていただけなのです。

先に本土の日本人が沖縄の人を土人扱いする問題に触れましたが、経済学者の廣瀬純は、「先進国は後進国に対して、土人の国を植民地化する狙いで、欲望操作を行う」と述べています（『週刊金曜日』２０１７年３・17号）。つまり、「先進国日本」は沖縄側が基地経済と振興開発を自発的に欲し続けるよう導き、本土の経済に追いつくよう駆り立てる、というわけです。これは至言です。基地経済を維持させることによって、およそ自立の方向に目をやらないよう仕向けているのが現実です。

ここで、基地の一部が返還され、住民が基地経済の呪縛から抜け出した沖縄中部・読谷村（よみたんそん）のケースを見てみましょう。１９７２年の日本復帰時、この村は総面積の73％が米軍基地でした。しかし、村民の粘り強い反基地・土地返還運動で現在は45％まで縮小し、その跡地で文化面での地域おこしや観光関連事業を進め、本土の大企業に頼らない自立的な発展に成功しています。その中心を担ったのが住民たちの自治組織です。人口も増えて、日本で一番人口の多い村になったそうです。ここに経済的自立の一つのイメージを見ることができます。

基地がある限り、沖縄の経済的自立は望めません。そして、繰り返して言えば、日本国沖縄県である限り、基地はなくなりません。日米関係の強化をひたすら求める政府が続く限り、沖縄は日本とアメリカの植民地であり続けるほかありません。経済的自立の可能性は、日本からの独立によって、初めて開けるのです。もし沖縄が独立し、平和の地になれば、その地理的位置から、東アジアの中心として、物流と観光文化による発展の展望が開けてきます。世界の関心がヨーロッパからアジアへと移り、アジアの重要性が増しつつあるときこそ、沖縄の出番がくるのです。沖縄の自立と発展のチャンスはかならず経巡ってくるし、そのチャンスを逃してはなりません。

5 沖縄の存在意義

2010年、鳩山民主党政権が十分な準備もなしに米軍基地の県外移設を提起し、もろくも挫折

したことで、私たちは改めて日米関係維持に専念する官僚支配体制の巨大な力を思い知らされました。鳩山由紀夫は２０１２年に政界を引退しましたが、その後も沖縄のために積極的な活動を続けています。首相時の失敗が、沖縄の内部に彼の予期せぬ反響を呼び起こしました。失敗のあと、独立という選択肢がこれまでになく現実味を帯びてきたのです。２０１３年、独立実現の手続きを具体的に検討する「琉球民族独立総合研究学会」が創設されます。２０１５年９月には、国連人権理事会で、翁長沖縄県知事が「自己決定権」についてはっきりと言及しました。彼の中長期的な展望にはこの「自己決定権」ということばが生きている。翁長知事はこれからも中央政府の専横に屈せず、決して諦めずに抵抗していくはずです。

鳩山は引退の翌年、東アジア共同体研究所を設立しました。アジアに平和をもたらすには、ヨーロッパが共同体を作ったように、アジアもこれに倣い、戦争が起きない方向で連携すべきだと彼は考えています。日米安保体制だけを頼りにしている人たちには幻想に見えるかもしれませんが、沖縄の島々に自衛隊を配備し、防衛力を高めるというアメリカ追随の発想こそ、現実性を欠いた、危険極まりない考えです。いたずらに中国を挑発し、武力衝突の危険性を招くだけの発想です。隣国同士が対話を絶やさずに、集団的自衛権の行使ではなく、集団的に自他の安全を保障し合う努力こそが、今求められているのです。

もし沖縄すなわち琉球の独立が実現したら、小国琉球は中国に侵略され、呑み込まれてしまうと危惧する人たちがいます。だから独立ではなく、日米安保条約による抑止力が必要なのであり、自衛隊の配備は当然なのだと。

しかし、冷静に考えるなら、こういう考え方は、抑止力幻想そのものです。そうでないなら、そうした考え方は日米の軍需産業を太らせるための詭弁でしょう。たしかに最近の中国は、領有権をめぐって南シナ海の南沙諸島（スプラトリー諸島）で周辺国と対立し、沖縄の尖閣諸島周辺では日本の海域・空域をたびたび犯しているので、その膨張主義は否定できません。とはいえ、中国が合理性を欠いた冒険行為に出ることは、まったく考えられない。ただでさえ中国はウイグルとチベットという、頭を悩ませる二つの少数民族問題を抱えているのです。むしろ沖縄が日本の一部であり、その沖縄で米軍と自衛隊が基地を増設するという挑発にさらされているからこそ、中国は対米防衛としての「第一列島線」なる概念をもち出してきたのです。中国にとり、日本から独立した場合の琉球を侵略してプラスになることは、経済的にも政治的にも何一つありません。もし侵略すれば、国際的批判を浴び、安保理常任理事国としての地位を脅かされることになるでしょう。日米のためらいをよそにアジアインフラ投資銀行（ＡＩＩＢ）の開設に成功し、政治的経済的影響力の増大を図っている中国が、そんな愚かなことをするはずはありません。

かつて琉球を侵略したのは日本であって、中国ではありません。琉球王国は明・清の朝貢国として中国とうまく付き合い、中国からの移住者は琉球人となることも多かった。もっとも、王国の内部があまねく調和に満ち、臣民が等しく平穏な生活を享受していたかと言えば、まったくそうではなかったのも事実です。宮古島と八重山諸島の住民は那覇の王朝の圧政にあえいでいました。琉球王朝は15歳から50歳までの男女を対象に「正頭（しょうず）」と呼ばれる人頭税（各個人に対して頭割りに同額を課する租税）を制度化していましたが、これは八公二民という恐るべき重税だったそうです。明治政府は、琉球処分後もしばらく、旧支配層の懐柔策としてこれを黙認していました。世論の反対で廃止となったのはようやく１９０３（明治36）年になってからです。

おそらくこのような琉球の負の歴史も考慮に入れてと思われますが、先に紹介した松島泰勝の独立構想では、沖縄各島の自己決定権を尊重し、それぞれが自治政府をもった形で運営される琉球連邦共和国の成立を目指しています。連邦政府、連邦議会、連邦裁判所を組織し、日本国憲法９条を連邦共和国憲法１条に据える、日本が実現できなかった理想を琉球が実現するという構想です。当然、文字通りの戦力不保持であり、保安用の警察機構を除いて軍隊はもちません（前掲、松島『琉球独立への経済学』）。これは根拠のない空論ではなくて、現実の願望に基づいた壮大な夢です。

東アジア共同体構想については、中国をはじめとしてさまざまな経済的取り組みが企てられていますが、非核・非武装の国がそれを呼びかければ、１９５５年のバンドン会議（アジア・アフリカ会議）で提唱された非同盟構想（反植民地主義と国際的平和共存をうたい国際社会に大きな影響を与えた取り組み）のように、まったく新しい意味合いをもちます。鳩山の唱える「友愛」の理念の下で国家主権をより大きな枠組みに移譲するという構想は、今の段階では理念的フィクションですが、私たちがこれから作り上げるべき未来の国際関係にあっては、きわめて重要な要素となるでしょう。この構想は、軍事力に依存し続けるアメリカと、それに引きずられる国が招くであろう戦争の危険を回避するための方策でもあるのです。

東南アジア諸国連合（ASEAN＝インドネシア、カンボジア、シンガポール、タイ、フィリピン、ブルネイ、ベトナム、マレーシア、ミャンマー、ラオス）の下に中国、韓国（理想としては南北朝鮮）、日本が加わって、経済文化的なつながりをより確かなものにすれば、軍事力に拠らない平和を築く基盤ができあがります。独立した琉球は、非核・非武装の中立国家としてその呼びかけを行うことで、かけがえのない存在意義をもつのです。世界の歴史は、主権国家ができて以来、あたかも暴力が人間の本能であるかのように国家同士が争いを続け、自衛のためと称する軍拡競争に明け暮れながら現在に至っています。核武装した国が争えば、人類の破局となります。アメリカによるこれまでの戦略ではそこまで行きかねません。

新しい琉球が周辺国との経済文化的交流を深めていくことは、アメリカとは正反対の国際社会のあり方、人類の歩み方を他の国々に示すことを意味します。そこから希望も生まれます。これは本来、敗戦後の日本が新しい憲法に基づいてやるべきであったのに、やらなかったことです。それを琉球がこれから試みる可能性は決して低いとは言えないでしょう。

6

琉球から波紋のように平和の輪が広がる

東アジアについて言えば、かつて日本はこの地域で、ロシアが中国東北部や南満州鉄道にもっていた租借権を手に入れ（１９０５［明治38］）、やがて32（昭和７）年から37（昭和12）年にかけては満州国という傀儡国家を造り、国際連盟を脱退し、泥沼の日中戦争を引き起こしました。まことに恥ずかしい歴史を負っています。38（昭和13）年には、この戦争の目的を「東亜新秩序の建設」と規定しました。これも東アジア共同体構想の一種と言えなくもありません。しかし、植民地として併合した韓国と台湾を従えて、軍事力によってさらなる領土拡大を狙うその試みが周辺諸国に受け入れられた可能性は万に一つもありません。アメリカの軍門に下った戦後日本に対して、アジア諸国がいまだに不信の念を抱いているのは当然です。隣国を植民地化しておきながらその清算もせずに、加害者としての責任を認めないまま、ひたすらアメリカの意向に従って自国の経済的発展のみに努めてきたのですから。

今後中国は、アジアインフラ投資銀行（ＡＩＩＢ）に力を入れながら、グローバルな経済的主導権の確立に向かっていくでしょう。実際、２０１４年11月には習近平主席がアジア太平洋経済協力（ＡＰＥＣ）首脳会議で「一帯一路」経済圏構想を発表し、以後着々と「中国を中心とする世界経済圏」の構築へと走り出しています。一方、日本はこれに対抗するかのように、２０１７年5月、麻生財務相がアジア開発銀行（ＡＤＢ）年次総会で、ＡＤＢにより新設された「高度技術支援基金」に４０００万ドルを拠出し、質の高いインフラ整備を目指すと述べたそうです。経済的競合はそれ自体、大いに結構なことですが、本来は同じアジアの国同士、双方が協力して進めるのがはるかに合理的でしょう。ところが日本は不幸にして、アメリカとの関係に縛られて中国との真摯な外交関係を築くことに失敗、その結果、むしろアメリカ以上に、中国を仮想敵国とみなすに等しい体制に組み込まれています。長期的に見るなら、今後アジアの国々は、それぞれの文化を尊重し合いながら、平和的な関係の中で生きていくしかないはずです。ところが残念ながら日本は、ここ当分、今の体制を変えるつもりはなさそうです。

そういう状況が続く中で、もし琉球が非武装中立国として独立を果たせば、世界に対するまったく新しい貢献の道が開けます。人口１４０万の小国に何ができるかと思われるかもしれませんが、非武装中立だからこそ、これまでの歴史にはない国際関係の可能性を開くことができるのです。

東アジアの中心に位置している琉球は、軍事基地のない沖縄空港をハブ空港として、アジア物流センターや国際物流センターの機能を果たせます。軍事的対立を最初から排除している国の存在は、たとえ小さくとも、周りの国々をまとめる大きな役割を担えます。新しい国としての自国の発展と周辺国への貢献とが一つに結びつくのですから、琉球人の生き甲斐がどんなに充実するか、私たちの想像を超えるものがあるはずです。

ここで一つだけ付け足しておきましょう。もし琉球が独立した場合、尖閣諸島の問題はどうなるかということです。前掲の『実現可能な五つの方法　琉球独立宣言』の中で述べている松島泰久の提言が傾聴に価します。尖閣諸島が問題化して、緊張の原因になったのは、２０１２年、日本政府がこの島嶼を国有化してからのことです。それまでは、中国の最高実力者・鄧小平（１９０４〜97年）が領有権の無期限棚上げを提言し、日本政府もそれに同意し、実質上、無主の地でした。前章で触れたように、この島々は、琉球王国の進貢船が中国へ向かう航海の際に航路の目印としていただけの地域です。近現代に入って少数の琉球人がその島々に居住し、漁をしていたことはありますが、江戸時代の日本はこの島々とは無関係だったそうです。そのような歴史を踏まえれば、今後この地が紛争の火種となるのを防ぐには、その周辺海域、その海底資源を含めて、東アジア諸国全体の共同所有・管理地、すなわちコモンズとすべきというのが、松島案です。そしてそれを実現するには、琉球が独立して外交権をもち、東アジアの国々と直接交渉することが必要であると松島は言います。

小さな国の成立に、大きな望みをつなぎたいと思います。

永続敗戦・天皇制

第6章

私たちは今どこにいるのか？ 日本の近代化に立ち返って考える

1
「牛と競争する蛙は腹が裂けるよ」

「牛と競争する蛙と同じ事で、もう君、腹が裂けるよ」――明治の文豪、夏目漱石が、1909（明治42）年に書いた小説『それから』の主人公、長井代助に言わせたことばです。日露戦争（1904［明治37］～05年［明治38］）の戦費調達に多額の外債を発行して、無理にも一等国の仲間入りをしようとする当時の日本を批判したものです。また、その前の年に書いた小説『三四郎』には、主人公の一高生（現、東大）、三四郎が、「これからは日本も段々発展するでしょう」と言うのに対して、英語教師の広田先生は言下に「滅びるね」と断じて、三四郎を驚かせる場面があります。今も変わらぬ格別の人気を保つ漱石ですが、彼は日本の開化、つまり近代化に対して深い懐疑の念を抱き、ある意味ではその懐疑から出発して自分の作品世界を作り上げていった作家でした。漱石が今も私たちの関心を引いてやまないのは、一つに、彼が感じた懐疑の基が、そっくりそのまま現在に残っているからだと思われます。

2018年は明治維新150周年に当たります。時代とともに変化のスピードが激しくなり、私たちは否応なく時間を薄切りして計ることに慣らされていますが、日本近代の出発点から150年経過し、先の見えない閉塞状況にある今だからこそ、時代の流れを長い巾で計って、ものをとらえることが大事です。

漱石は1911（明治44）年に和歌山で行われた講演「現代日本の開化」（『私の個人主義』所収）において、西洋近代における開化が内発的なものであるなら、日本近代の開化は外発的なものであると断じ、こう述べました。「吾々の開化が機械的に変化を余儀なくされる為にただ上皮（うわかわ）を滑って行き、又滑るまいと思って踏張る為に神経衰弱になるとすれば、どうも日本人は気の毒と言わんか憐れと言わんか、誠に言語道断の窮状に陥ったものであります」。はなはだ絶望的な結論と言えます。

この悲観論は、漱石にとっては他人事ではなく、自分の存在の根底にかかわる認識でした。彼の小説には、長井代助をはじめ、『こゝろ』（1914〔大正3〕年）の「先生」、『彼岸過迄』（1912〔大正1〕年）の須永市蔵など、一連の「高等遊民」と称される人物が登場します。彼らはみな経済的余裕に恵まれた人たちで、働かずに済み、それぞれ自分の思うような生き方を続けています。作者がなぜこのような人物像を描いたのか、理由は一つとは限らないでしょうが、『それから』における代助の場合を見ると、作者自身の時代認識としてどうしても必要とした人物であったことがよくわかります。

代助は働かない理由として、開化批判を論じます。「国家社会の為に尽くして、金がお父さん位儲かるなら、僕も尽くしても好い」。しかし現実はそうじゃない、と代助は考えています。代助の父、長井得は、旧藩主に書いてもらった「誠者天乃道也」という額を大事に掲げながら、維新後、実業界に入って成功を収めた人で、いわば明治の上層階級の一つの典型です。幼名誠之進を得と改名したという設定にも、こうした時代の典型への漱石の判断が反映されています。日本の開化は偽善と欺瞞で成り立っていると代助は考えます。しかし、彼の身分は、その父親の財力が支えているのです。彼は一歩も前に踏み出すことができない。彼の立場は最初から自縄自縛です。このような自分の矛盾を彼は自覚していないのでしょうか。

代助の奇妙で滑稽とも言える立場は、開化の時代に生きる日本の知識人が抱えていた矛盾をそっくり表しているように思われます。開化を批判しようとする者も、開化の恩恵を受けて生きていることに変わりはありません。それでも、批判をやめるわけにはいかない知識人の宿命を漱石は身をもって体験していたのではないでしょうか。さらに言えば、日本の開化は西洋に追いつくことが目標でしたが、漱石の徹底した開化批判は、当然、西洋近代そのものにも及びます。日本という遅れた近代、未熟な近代に生きることによって、漱石は時間をかけて完成させた西洋近代の本質を見抜くことにもなったのです。自国の発展のために他国を侵略し、植民地として利用した西洋近代の実像については次の第7章で取り上げますが、漱石の批判の矛先は、そういうことまで日本が真似て、アジアの植民地化、そのための「富国強兵」に突き進んでいく愚行にも向けられていたはずです。

ただ、創作世界での時代批判は、『それから』以降の作品では影を潜め、漱石は、近代が個人の内部に深く穿った穴を描くことに関心を移すことになります。

代助の予言通り、その後の日本は「腹が裂ける」恐れを忘れて、「一等国」すなわち西洋の大国の仲間入りを目指してまっしぐらに進み、１９４５年の破局を迎えます。アジアの小国日本が維新後わずか40年足らずで近代化に成功し、大国ロシアを破ったことは世界を驚かせ、インド、中国、トルコなどの近代後発国を勇気づけました。しかし、このロシアとの戦争で勝利したと信じたことが、その後の日本を誤らせました。たしかに日本海海戦（１９０５［明治38］年3月）では華々しく勝利し、帝政ロシアの内情は危機（第一次ロシア革命、同年1月）に瀕していましたが、日本にはもうそれ以上戦う余力がなくなっていたというのが実情です。アメリカの介入で講和に持ち込むのがやっとで（日露講和条約）、かろうじて引き分けた戦争でした。これまた代助の言う通り、日本は借金大国だったのであり、戦費が賄えたのは、ユダヤ系資本がポンド建て外債を買ってくれたからです。国家予算の何倍もの借金をして、やっと戦えたのです。借金返済に日本は後々まで苦しむことになります。この日露戦争が日本の近代化の境目だったと、司馬遼太郎や鶴見俊輔（１９２２～２０１５年、哲学者・評論家・政治運動家）は言っていますが、「勝った、勝った」が実力を超えた「強国造り」をスタートさせたことは確かです。

2

国家最大の欺瞞、天皇制というフィクション

西洋列強に伍して日本を近代国家にすること、そのために維新政府が考え出した巧妙極まりない企てが、天皇制というフィクションでした。古代はともかく、そのあとに天皇が政治を司った時代はそう多くありません。地理的幸運で、幕末維新まで他国の支配を受けたことのない日本ですから、その間天皇は単なる権威として利用されていただけです。少なくとも、江戸時代の日本人にとって、天皇という存在は意識に上ることすらありませんでした。徳川幕府によって日本は統一されていましたが、庶民にとって頭上にあるのは藩主だけであって、日本を一つの国として考えることはまずなかった。だから、天皇もあるか無きかの存在だったのです。

ところが、幕末維新以降、日本は開国以来の不平等条約*を撤廃させるために苦労を重ねます（関税自主権を完全に回復するのは1911［明治44］年のことです）。まず、どうやって国民を一つにまとめ、中央集権国家を作り上げるか——大日本帝国憲法を公布（1889［明治22］年）した明治の指導者が頭を痛めたのはこの問題でした。憲法起草者の伊藤博文にとって、そのための最大

の課題は、ヨーロッパでキリスト教が果たしているような「国家の基軸」を作り出すことであったと言われます。これは、日本政治外交史の専門家、三谷太一郎による指摘です（三谷『日本の近代とは何であったか――問題史的考察』岩波新書 2017年）。仏教を勧める外国人もいましたが、伊藤は、日本人にも西洋のような神の存在が必要であり、天皇をその役に据えることを最善の解決だと考えます。西洋型近代国家を忠実に真似るのに、キリスト教の神の代替物を考えついたのです。

国民にとってほぼ無縁の存在だった天皇を、神として崇めさせるのは容易なことではなかったはずです。ところが、義務制にした小学校教育において「教育勅語」（1890［明治23］年発布）と「天皇・皇后の『御真影』への信仰」を普及させたことで、明治政府は出来過ぎと言える大成功を収めます。「道徳の源は天皇の祖先、『皇祖皇宗』への尊崇である」――「教育勅語」とはこのことを天皇自らが国民に親しく伝える「ありがたいことば」であり、そういうものとして国民の心に深く浸透させるために作られたものです。そしてもう一つ、「教育勅語」の核心は、「一旦緩急あれば義勇公に奉じ」という一文にあります。この一文に呼応するのが、明治政府が着々と整備した徴兵令（1873［明治6］年）と「軍人勅諭」（1882［明治15］年）です。軍隊こそが、日本

＊ 1858（安政5）年の日米修好通商条約をはじめとする、米・蘭・露・英・仏との「安政五か国条約」のこと。

人の心身に、この「滅私奉公」の精神を徹底的にたたき込む場所でした。

大日本帝国憲法は、日本が立憲主義に基づく近代国家であることを西洋に証明する目的で作られました。ところが、憲法において国の統治者とされた天皇は当然ながら、神ではありません。西洋の理念では中世以来、「聖」と「俗」の二元論が確立し、「聖職者」（神）と「王」（統治者）は分離されていたわけですから、明治政府が考え出した「天皇制」というフィクションには最初から無理があったのです。しかし為政者はそれを強引に推し進め、国民にこのフィクションを受け入れさせました。国民が学校で教わるのは「教育勅語の無条件の崇拝」であり、その影響力は圧倒的でした。憲法に体現される「立憲主義」の意味については何も教えられなかったので、国民はフィクションに内在する矛盾に気づくはずもありません。大学に入って初めて憲法を学ぶことになりますが、国民の中で大学に進学できる者は今と違って、ほんのわずかでした。

ところで、フィクションを建前と本音で使い分けるこうした工夫は、近代国家を造るために必死で考え出されたものに違いありません。哲学者の久野収と鶴見俊輔は、これを国民向けの「現人神としての天皇」という「顕教（けんぎょう）」の次元と、法律上の「立憲君主としての天皇」という「密教」の次元の使い分けであったと明解な説明をしました（久野・鶴見『現代日本の思想――その五つの渦』岩波新書 1956年）。当然ながら、この使い分けは欺瞞です。欺瞞的フィクションによって短期間で国を近代化した日本は、国民の生活の根底に不道徳を強いざるを得ません。近代化のためには何をやっても構わないという考え方が国民の間にも深く浸透していくのです。漱石の開化批判は天皇制そのものには向かいませんでしたが、代助という高等遊民が父親の偽善に自ら苦しむ描写には、そうした欺瞞的フィクションに対する漱石の鋭い洞察力が感じられます。父の偽善の背後にある国家の偽善が、その後の日本をどのような道に向かわせ、その民をどのような悲惨に陥れたか、漱石はその不幸に遭う前に生涯を終えましたが、漱石の問いかけは今の私たちにとっても切実です。それどころか、政治家は嘘をつくのが仕事だと言わんばかりの安倍現政権の姿を見ると、国家の偽善もここまで質が落ちたかと慨嘆したくなります。

西洋の政治システムの根底にキリスト教があり、これを「国家の基軸」ととらえた伊藤博文の理解は間違いではなかったでしょう。しかし、当時の西洋において、キリスト教が道徳の源泉として人々の心を支えていたかと言えば、かなり疑問です。すでにイギリスを中心に発達しつつあった資本主義が社会を動かし、人々は功利主義で行動するようになっていたから、宗教が与える影響はもうそんなに大きくなかったはずです。そもそも明治の指導者が「天皇教」という新しい宗教をこしらえる必要があったのかどうか、上に逆らわず一つにまとまりやすい島国だったのだから一層疑問です。もっとも、アヘン戦争*（一二九頁）の二の舞にならぬよう全精力を尽くしていた彼らに、そんな疑問をもつ余裕はなかったでしょう。形のうえではひたすら西洋のシステムを真似ることが要請されていたわけです。

とにかく当時の日本において、このフィクションは、聖俗兼ね合わせた働きをいかんなく発揮しました。天皇を頂点とする家族国家のイメージができあがり、政府はこれを有効に利用します。村の次男、三男は、立身出世を求めて単身で都会に集まり、遮二無二働きます。そのエネルギーが、この家族国家観の下で国家の形成に役立つことになります。伝統的な家父長制もまた、こうした流れの中で強化されていきます。

3 富国強兵から経済大国へ

1939（昭和14）年にはノモンハン事件と呼ばれる、日本軍とソ連軍の軍事衝突（満州国とモンゴル人民共和国との国境をめぐる争い）がありました。日本は戦車戦で壊滅的な敗北を喫し、1個師団が全滅、2万人の死者を出しましたが、当時、国民は何も知らされませんでした。戦車の性能において圧倒的な差があったのに、それを無視して戦った結果です。当時戦車隊に属していた司馬遼太郎は、もはや天幕しか残されていない大劣勢の中、小松原師団長が頭を抱えて「日本の兵隊さんは強そうだから、何とかやってくれるだろう」と言ったと伝えています。職業軍人までが、世界一強い軍隊という国民信仰をもったまま、この敗北を反省せずにアジア・太平洋戦争へと向かっていったのです。戦後の外務省の役人が優秀であるのと同様に、当時の参謀本部の将校も極め付きの秀才でした。どちらも何か人間として大事な要素が欠けているのでしょう。第2章で述べたように、司馬は当時の日本の状況を「参謀本部による占領」と表現しました。参謀本部が天皇を利用して独断専行することができたのは、これまた天皇制のフィクションに内在する欠陥ゆえのことです。結局日本は、連合軍が迫った無条件降伏を受け入れ（1945年7月、ポツダム宣言受諾）、アメリカによる占領で終わりました。

アメリカ占領が、私たちにとってはかけがえのない日本国憲法の誕生をもたらしたことは、第3章に書いた通りです。残念ながら、その後の日本は、憲法に即した非武装国家にはならず、富国強兵をやめる代わりに軽武装経済大国の道へと歩み出します。国民の奮励努力によって、一時はジャパン・アズ・ナンバーワンとまで言われました。日本の不動産会社がニューヨークのエンパイアステートビルを買い取ったこともあります。

しかし、1990年代、その夢のような成長時代は泡と消え、「失われた20年」と呼ばれるほど

＊（一二七頁）　1840～42年、清国によるアヘン禁輸措置から起こったイギリスと清国との戦争。敗北した清国にとって、この戦争は列強との不平等条約の締結、中国の半植民地化の起点となる。

の低成長期が続き、現在の日本はどうかと言えば、代助の嘆いた以上の借金大国になっています。日本政府の長期債務残高、国債、借入金、政府保証債務を合わせると、１３００兆円だそうで、その額がどれくらい大きいのか見当も付きませんが、少なくともこれはＧＤＰの2倍以上で、第二次大戦中の借金レベルに達するとも言われます。

当然、国民の生活も苦しくなります。２０１６年の非正規雇用の割合は37・5％と、総務省の調査開始以来、最も高くなり、同年の厚生労働省の発表による子どもの貧困率は16・1％で6人に1人の割合、シングル世帯に限ると、実に54・6％、半数以上の子どもが貧困状態にあります。国民健康保険の未納率は2割近くあるそうです。経済大国という表現さえ空しく聞こえる現状は、むしろ貧困大国と言いたいくらいです。

国が豊かであれば、国民が高等教育を受ける機会も多くなるでしょうが、いつの間にか、日本では教育は自己責任とされています。フランスやドイツ、デンマークなど、大学の授業料を無償化する国が多い中、日本の公立大学は高い授業料を個人に負担させ続けています。しかも、公的な給付型奨学金がないのは、経済協力開発機構（ＯＥＣＤ。主要先進国すべてが含まれる）加盟34か国中、日本だけです。

ただ、現在の私たちの苦しい状況は、日本だけの責任ではありません。「先進国」と呼ばれるすべての国の責任です。近代の基盤を作った資本主義がさまざまな制約を振り払って我が物顔に暴利をむさぼった結果、今やその資本主義自体が自滅しそうな段階に来ています。大国主導の新自由主義（ネオリベラリズム）（関税撤廃、規制緩和、民営化による徹底した市場中心主義）が国境を越えて貪欲に市場を広げようとしても、もう開拓すべき外部の世界は存在しない。本来市場にはなり得ない医療、介護、教育などの分野に手を伸ばそうとしても、限界があります。それなのに、世界の先進国はいまだに成長神話にとらわれた経済政策を取り続け、成果を上げられずにいます。

とはいえ、これは日本の特殊事情ではないと安心してもいけません。日本の債務残高１３００兆円は世界でもダントツです。ＧＤＰ比で言うと、２０１６年現在、日本のそれが２・３倍なのに対して、債務危機に陥っているイタリアは１・６倍、ギリシアでさえ2倍です。すでに破産している国よりひどいという事実を突きつけられると、やはり只ごとではないことに気づくはずです。目下、日銀は異次元の金融緩和と言って、ジャブジャブと金をばらまいていますが、多くの経済学者、今やネオリベラリズムを信奉する学者さえもが指摘しているように、これは出口のない、当座しのぎの無責任な手口にすぎません。しかし逆説的に言えば、資本主義が難しい局面にある今、日本は新たな可能性を切り開くのに最も有利な立場にあるということにもなります。先進国の中で一番早く、資本主義の限界に達した国だからです。このままでは行き詰まりから脱出することができない、そうとわかったら、これまでとは違う道を行くのが当然のはずです。ところが安倍政権の経済運営の選択は、政治面におけるのと同様に、これまたアメリカの後を追うことでした。軍需生産の拡大と防衛装備品（武器）輸出の拡大に舵を切ったのです。これも経済成長という幻想にしがみついているから生じる選択にほかなりません。

4 成長のために人を犠牲にしてきた日本の今

日本の成長神話の根底には技術革新信仰があります。たしかに、技術の進歩で生産は著しく拡大してきました。しかし、それに伴って生じる公害には目をつむってきました。戦後明るみになった水俣病がその典型です。水俣の人々が被った健康被害の原因は有機水素中毒と確認されていました。それなのに、通産省は企業に加担し、企業は廃液の垂れ流しを続け、結果、新たな患者が何年にもわたり次々と発生していきました。政府も企業も高度成長のために公害を黙認したのです。成長によって国民が幸せになることはありませんでした。

今回の福島原発事故のあとも、政府や財界は技術の限界をあえて無視して、平然と原発再稼働を進めています。さらに、インドには原発輸出さえしました。原発に頼ることは、たとえ事故がなくても、核廃棄物の処理が不可能である以上、次の世代に多大なリスクを付け回すことになります。

なぜ、そういう明解な事実から目をそむけようとするのでしょうか。どうにも信じられない話です。日露戦争から第二次大戦終結までの40年間、日本は軍事大国願望にしがみつき、合理的な判断を失った、いわば誇大妄想の時代を歩みました。一方、敗戦後の経済大国願望については、高度成長期を通じて一時は実現できたかに見えながら、その後世界の流れが変わって、今や過去の夢物語となりつつあります。さてそこでどうすべきか、立ち止まって冷静に判断するときが来ているのです。近代化の出発点に立ち返って、出直すときです。日本の行き詰まりは、日本が手本としてきた西洋近代そのものの行き詰まりでもあるのですから、根本から考え直す必要があります。

残念ながら、原点に立ち返るどころか、安倍政権はこれまでの方針の延長線上に、軍需産業育成という、とんでもない政策を打ち出しました。戦後曲がりなりにも守られてきた平和国家の理念を踏みにじるつもりです。財界を主導する経団連も、政治と経済の一体化を唱えて、政府に協力する構えです（第9章）。それが成長神話を維持する唯一の方策であるかのように。

トランプ大統領の登場がこの趨勢に拍車をかけました。彼の「アメリカ・ファースト」（アメリカ第一主義）の政策は、軍事力の強化と温暖化防止のためのパリ協定からの離脱という、人類の未来にとって危険極まりない、およそ考えうる限りの愚かしい発想に基づいています。しかし、安倍首相にはお誂え向きの政治のようで、トランプ政権に対してはいち速く忠実な態度を表明していきます。軍産複合体の危険性については、軍人出身のアイゼンハワーが早くから警告していましたが（第

9章）、アメリカのそれは今や彼の時代には想像もつかないくらいの規模に発展しています。ここでもまた、日本はアメリカを見習うつもりのようです。政治面での従属と違って、経済面での従属はいずれかならず利害の対立を生み、破綻は必至ですが、安倍政権のやり方は、先のことを考えているようには見えません。

ファシズム体制とも言える安倍政権の独裁ぶりについては、以下の章でも随時取り上げざるを得ませんが、今はちょっと脇に置いて、日本を借金大国に追い込んだ政財官の無責任体制に目をやりましょう。１９９０年代初め、バブルがはじけ、どの金融機関も巨額の不良債権を抱える事態となったとき、この事態を解決するために政府はどのように対処したか。銀行の経営責任を問わず、不良債権を隠蔽したまま、ずるずると公的資金を小出しに注入し、銀行合併を繰り返すことで、この事態を乗り切ろうとしました。その結果、「失われた20年」が始まったのです。

公的資金とは国民の税金です。政府も財界も官僚も、根本的な改革には向かわず、誰一人責任を取らずに、国民の血税を頼ることばかりに腐心した。指導者層が国民に対する責任を頬被りして済ませるというこのやり方は、福島原発事故でもまた繰り返されました。事故は「想定外」という言い訳で済ませ、東京電力の経営が事実上破綻しているにもかかわらず、経営者も株主も監督官庁もそろって責任を回避し、電気料金の値上げという形で利用者から損益を回収しているのですから。また、公的年金の積立金を運用している年金積立金管理運用独立行政法人（ＧＰＩＦ）に至っては、軍事部門の売上高において全世界で上位10社とされるすべての企業の株式を保有しているという驚くべき状況にあります（２０１７年３月末現在〈『東京新聞』２０１７年9月17日〉）。私たちが支払う国民年金や厚生年金の保険料が、私たちの知らないうちに世界（および日本）の軍需産業を支え、間接的に「軍事支援」に転用されているのです。

過去の過ちはもう過ぎたこととして自らの責任を追及しない日本人の悪い習性は、過ちの原因を究明し、同じ過ちを繰り返さない妨げになります。平和憲法の下で新しい国造りをスタートさせたはずの日本が、70余年後の今、ふたたび軍需産業強化の方向へと臆面もなく走り出そうとしているのは、過去の戦争責任を棚上げにしてきたからです。東京裁判の被告を生け贄にしただけで占領国アメリカは日本の過ちを大目に見てくれた、だから責任問題はもう忘れてよいのだ――日本人は無意識のうちにそう考えて、経済立国に専念してきたと言えます。

5　日本の無責任体制の始まり

ラーダビノード・パールというインド人法学者がいます。１９４６年5月に始まり、48年12月、

東条英機ら7人の戦時指導者の死刑執行をもって終わった極東国際軍事裁判（東京裁判）で判事を務めた人ですが、11名の判事の中でただ一人この判決の全体に同意せず、長文の「パール判決書」を書き、検察の起訴内容に対して「無罪」の結論を出したことで有名です。

もっとも、彼が主張したのは国際法上の刑事責任についてであって、日本の道義的責任を「無罪」と言ったわけではありません。彼の主張は、ヨーロッパの法律の伝統では事後法（ある行動がなされたのちに、それを処罰する法を制定すること）で処罰することができないのに、こと東京裁判では「平和に対する罪」と「人道に対する罪」にかんして、この伝統に拠らず事後法を適用するのは近代法からの逸脱ではないのか、というものでした。また、南京虐殺（1937［昭和12］～38［昭和13］年、中国の南京で発生した日本軍による無差別殺戮）にかんしては、たしかに事実ではあるが、指導者に具体的な指示・命令があったのか、阻止しなかった「不作為の罪」があったのかについては証拠不十分として、「無罪」判断を下したのです。あくまでそれらは「刑事上の無罪」なのであって、彼は、南京虐殺そのものについては「鬼畜の行為」と厳しく非難しています。

ところが、このパール判決の議論がその後、第二次大戦（当時の表現では大東亜戦争）を是認する右翼によって利用というか悪用されるのです。何と、靖国神社にはパールを顕彰する碑が建っているそうです（中島岳志『パール判事――東京裁判批判と絶対平和主義』白水社 2007年）。パールにとってはまったく不本意だったでしょう。中島によれば、パールはガンディーの思想の信奉者であり、絶対平和論者であったのに、彼の論理はまったく理解されず、「日本無罪論」ということばだけが独り歩きしてしまった。まるで東京裁判でのパールの判断が、大東亜戦争を「聖戦」視する歴史観を支えているかのようにみなされたのです。彼は1952年にふたたび来日しますが、その折には日本政府による再軍備の動きを厳しく批判し、平和憲法を守って、世界連邦運動をアジアの側から進めるよう働きかけたそうです。

「パール判決書」の読み違えと歪曲について、鶴見俊輔は日露戦争以後から見られはじめた知識人の問題として提起しています（鶴見編『新しい風土記へ――鶴見俊輔座談』朝日新書 2010年）。すでに述べたように、日本の軍国主義化を方向づけたのは、日露戦争において、「負けなかったこと」を「勝ったこと」にした歪曲に始まります。これにかんして鶴見は、日本の知識人がヨーロッパばかり見て、明治以前までの日本の文化と完全に切れてしまったために、おそらくは劣等感の裏返しとして夜郎自大*の傾向を生み出したと分析します（その点、鴎外と漱石は江戸以前の伝統をしっかり踏まえて西洋に対峙した例外的な知識人であり、とくに漱石は、先に見たように、東西文化の違いに正面から取り組んで苦しみました）。

* 中国の少数民族、夜郎の王が漢の大きさを知らず、自分を強大と思って漢の使者に接したことから、自らの力量を知らずに尊大に構えるたとえ。

幕末には「負けっぷり」を評価する美学的な基準もあったが、明治に入ってそれが急速に失われ、1905（明治38）年の日露戦争の「勝利」でそれが決定的になったと鶴見は見ます。以来、日本はひたすら勝つことのみを目指して軍備増強に走ったために、自ら「腹が裂ける」結果を招いたというわけです。

欧米に開国を迫られた日本が、アヘン戦争の二の舞を演ずることなく近代化に成功したのは、たしかに世界史上、特筆すべき偉業です。しかし、明治維新のあと、日本の国造りにおいてはもう一つ別の可能性もあったはずです。列強の仲間入りをして、さらにその列強をしのぐ勢いで突き進んだ戦前日本の歩みは、今の私たちからすれば残念な過去として映ります。それでも私たちは、ないものねだりではなく、自分たちの未来のためにその過去の教訓から学ぶことが大事なのです。第9章で述べるつもりですが、日本のような資源の乏しい国は、そもそも近代戦争を行うだけの力がなかったのですから、最初から身の丈に合った小国主義に徹し、国民の幸せを第一に据えるという道もありました。後述するように、先見の明のあった石橋湛山（たんざん）（1884～1973年）というジャーナリストは、戦前から、植民地は要らないと正面から書く勇気の持ち主でした。それが国民のためになると信じていたからです。彼は戦後、政治家となり、1956年に首相になりましたが、惜しくも病のために60日で辞職します。その後日本の道が変わりました。

市井三郎という歴史家は、「おのおのの人間が、自分の責任を問われる必要のない事柄から、さまざまな苦痛を受ける度合いをへらすこと」が、歴史の進歩であると考えました（市井『歴史の進歩とは何か』岩波新書　1971年）。江戸時代に生きた人たち、明治の「開化」に生きた長井代助、そして現代を生きる私たちへと時代が変化したことで、人間の苦痛の度合いがどれだけ減ったのか、答えを出すには難しい問題です。少なくとも私たちは、第二次大戦で隣国と自国の民に多大な犠牲をもたらした戦争責任と正面から向き合う中で、その答えを見つける必要があります。

6
敗戦を「終戦」とごまかした日本——新しいフィクションの成立

8月15日は終戦記念日とされています。本当は終わったのではなく、負けたのですが、負けたとはなるべく言いたくなかったのでしょう。昭和天皇は人間宣言と呼ばれる声明を発して、神であることをやめ、これにより天皇制フィクションは崩壊しました。日本は占領国アメリカに支配されることになり、象徴天皇制と戦力不保持に基づく新憲法によって国民の統一を図り、ある意味では完璧な成功を見せて占領国を満足させたという点では、前代未聞の軍事占領の模範となりました。一方的に米軍基地を押し付けられた沖縄の人々を除いて、大部分の日本人はその現状に満足しました。

非武装から軽武装へと転換し、経済大国を目指しますが、対米従属をますます強める中での発展であったことは、すでに述べた通りです。

こうした状況について、政治学者の白井聡が『永続敗戦論――戦後日本の核心』（太田出版　2013年）で切れ味鋭い分析を行っています。彼は、戦前の天皇制の働きに代わるものとして、「永続敗戦」構造という考え方を提起します。一般に、みなが事実として知っていることを一つの構造として組み立ててみると、これまでになく明快な理解が可能になるものですが、白井のこの作品はまさにそれで、実に鮮やかなその手際に、私は感服しました（これを先に読んでいれば、第2章の対米従属について、中身はまったく変わらないにしても、もっと説得力のある書き方ができたであろうと思うほどです）。

先に触れた天皇制フィクションの顕教的次元と密教的次元になぞらえて、彼は「永続敗戦」について書きます。

「大衆向けの『顕教』の次元においては、敗戦の意味が可能な限り希薄化するよう権力は機能してきた。『戦争は負けたのではない、終わったのだ』、と。そのことに最も大きく寄与したのは、『平和と繁栄』の神話であった。この顕教的次元を補完する『密教』の次元は、対米関係における永続敗戦、すなわち無制限かつ恒久的対米従属をよしとするパワー・エリートたちの志向である」。

「大衆向けの顕教として掲げられてきた『われわれは負けていない』という心理の刷り込みが、抑えの利かない夜郎自大のナショナリズムとして現象する。そしてこのとき、永続敗戦レジームの主役たちは、これを食い止める能力をもたない。なぜなら、彼らこそ、『負け』の責任を取らず、『われわれは負けてなどいない』いう心理を国民大衆に刷り込むことによって自らの戦争責任を回避した張本人たちの後継者であるからだ」。

「永続敗戦」は、敗戦を否認する限り、果てしない対米従属が続き、対米従属が続く限り、敗戦を否認できるという構造になります。戦後の状況から生まれたとはいえ、これは相当に無理なフィクションに基づく体制です。ところが白井の言う通り、「平和と繁栄」のおかげで、また映画やジャズなどアメリカ大衆文化に強くあこがれアメリカ好きに染まった国民性もあって、国民はうかうかと為政者のたくらみに乗せられてしまいました。

しかし、天皇制フィクションに代わるこの新しいフィクションは耐用年数を超えたと、白井は言います。アジアに対して日本の敗戦を認めないこの事実否認は、戦後日本経済の圧倒的優位によって保たれてきたものであり、ゆえにアジアへの公式謝罪を回避する方向に働いたが、今や状況は変わった。中国の強大化で、もはや日本の優位性はなくなってしまったということです。また、このフィクションが内包する、より根本的な矛盾は、いまだにと言うか、むしろますます盛んになる閣僚・保守系政治家たちの靖国神社参拝です。１９７８年以降、東京裁判のＡ級戦犯を神として祀っている靖国神社は、アジアの隣国に対するのみならず、連合国の中心だったアメリカそのものに対する敵対の象徴でもあります。第２章ですでに書きましたが、今は日米の利害が一致しているから、アメリカは靖国に正面から触れるのを避けていますが、この根幹にかかわる矛盾はいずれ表面化するでしょう。

「天皇制」というフィクションを考えつき、現実化したのは伊藤博文ですが、「永続敗戦」というフィクションを発案したのは誰でしょうか。戦後日本を牽引した一連の保守系政治家がその遂行を支えたとしても、最初に発案したのは、昭和天皇かもしれません。大権をもつ天皇から象徴天皇へと自分の身分は変わっても、昭和天皇は戦前の「国体」を守るために、「沖縄の軍事基地の存続と米軍駐留継続」をアメリカに対してじかに頼み込んだのですから。そして、その通りになって現在に至ったのですから（第２章）。とすれば、象徴天皇を新憲法によって認めた国民もまた、この戦前の「国体」を基本的に維持するのを、望んだことになります。

私たちは今、遅れて近代化に向かった日本が１５０年の歴史を経てたどり着いた地点にいます。西洋近代に追いつこうと、先人が苦肉の策で作り上げた二つのフィクション、その政治的・経済的帰結として福島原発事故が生じたことを私たちは知っています。無限の経済成長を信じて突き進んできた日本の近代化はついに深刻な事態を迎えたのです。これは日本だけでなく、他の先進国が共通して内包する問題ですが、エネルギー資源の乏しい日本は、とりわけこのままのやり方では通用しなくなった以上、根本から考え直すときにあります。ところが、それを自覚すべき政財界の指導者は何も起こらなかったかのように、これまで通り原発に頼って成長戦略を続け、アメリカの言いなりになって辺野古新基地建設を進めようとしています。かつて帝国陸軍の参謀本部がどんなに失敗を繰り返しても当初の作戦の変更を認めなかったように、今の日本の指導者も、失敗を失敗と認めるつもりがないようです。後世のためにも、これは絶対に許せないことです。

日本の近代化は沖縄を犠牲にして始まりました。そして今も、沖縄住民の命がけの反対を押し切って新基地建設が続けられています。日本に住む人間の一人として、恥ずかしい限りです。これは、近代化の名の下で日本が犯してきた（いる）原罪です。

漱石が日本の「外発的な開化」に突き付けた問いに、まだ答えはありません。私たち自身が答えを探し続けること、それが、漱石が日本に課した宿題であると思われます。

自由・平等・博愛と植民地主義

第7章

日本がお手本にした西洋の近代とは？

1
自由・平等・博愛

自由・平等・博愛。この三つのことばは、いわば西洋近代の標語として、明治維新期の日本人にもよく知られ、開国後の日本の目標とすべき理念として尊重されました。今もほとんどの人が一度は耳にしたことがあるはずです。その起源は１７８９年のフランス革命ですが、これが正式にフランス国の標語になったのはもっと遅く、１８７０年に成立した第三共和政が１８８０年に「共和国の公式な象徴」としてこれを採用したときです。一時、ナチス占領下にあったヴィシー政権が、あまりに政治的過ぎる標語だとしてこれを嫌い、「労働・家族・祖国」に代えたこともありましたが、第二次大戦終結後、この「自由・平等・博愛」が１９４６年憲法に明記されたことで、やっと不変の標語として定着しました。また48年には、国連総会で採択された世界人権宣言の第1条にもこの精神が盛り込まれ、全世界の理念となりました。

三つのうち、自由と平等は、旧制度（アンシャンレジーム）の身分制に縛られていたフランス革命までの状況からすれば、当然、人々にとっては「獲得すべき権利」として納得しやすい理念ですが、一緒に並べられた博愛はちょっと趣が異なります。日本では「博愛」の訳語が一般に使われていますが、むしろ「友愛」の方が原義に近く、意味としては、他者と兄弟のように付き合うこと、友好関係、連帯感を表すことばです。つまり、これは権利というよりも他者に対して負う倫理的な理念であり、共同体、広くは人類に仕える義務とも言えるものです。したがって、理念として掲げられていても、自由・平等ほどには重んじられなかったと見られます。実際、同じヨーロッパ内においてさえキリスト教徒同士で血なまぐさい争いを続け、非ヨーロッパ地域の人々に対しては人間扱いすらしなかった歴史をもつのですから。

自由と平等も、実は厄介な問題を抱えています。両方を同時に要求しようとすると、かならずどちらか一方に抵触することになるからです。大まかに言えば、イギリスの近代は「自由」の方を重んじ、フランスの近代は「平等」を中心に考える傾向がありました。

イギリスには経験論という思想の流れがあり、経験的事実を重視します。そうすると、人間について、能力の面でそれぞれ個人差があることが経験として確認される以上、「平等」の理念は軽視されるか、無視されることになります。重視されるのは、能力にすぐれた者が世襲権力の下で「自由」を拡大することなのです。イギリス経験論の代表者で政治思想家ジョン・ロックは、奴隷の存在を原理的に否定しませんでした。能力の劣る者が「自由な契約」に基づいて奴隷となることを彼は認めたのです。彼の政治論では、政府というものは各個人の自然権を守ることを前提に人々の合意で樹立されるものなので、国民は政府を変えることもできる。この考え方はアメリカ独立（1776年）にもフランス革命（1789年）にも大きな影響を与えました。

とはいえ、フランス革命を準備したと言えるフランスの啓蒙思想家たちは、ロックから多くのものを受け入れながら、人間の「平等」については彼とはまったく異なる立場を主張しました。それぞれの個人はたしかに等しい存在ではない、しかしその違いは生まれたあとの生活環境や教育の不平等から生じるものであり、人は先天的、潜在的には能力において平等であるとする立場です。これは経験的に実証されることではないので、イギリスの思想ではその後も否定され続けましたが、このような理想主義的な思想はフランス革命の根底をなし、人間の理性を絶対的に信じ、合理的な社会を作る目標を定めることになりました。

残念ながら、革命のその後の経過は、人間には理性を使いこなす資格がないことを無残にも証明する道をたどります。もちろん、キリスト教の権威に頼るそれまでのブルボン王朝の支配はひどく非合理なものでしたから、その支配を打ち倒して、神ではなく人間の力だけで理想的な秩序を築こうとしたのは、必然的な成り行きでした。しかし、急速な変革を求めた行き過ぎは革命後1793年から94年にかけての恐怖政治を生み、革命派は反革命派1万6000人を殺害したそうです。こうして痛ましい犠牲者を生んだ革命のあと、今度はおよそ革命とは理念を異にするナポレオン皇帝の誕生（1804年）へと至るわけです（余計なことですが、よくテロとか、テロリズムということばを聞きますが、テロ＝恐怖とはもともとこの恐怖政治に由来するので、イスラム過激派武装集団が起こした事件を「テロ」と呼び、有志連合軍が仕掛けた空爆・誤爆をそう言わないのは誤りです。第二次大戦中の無差別空襲も、テロ空襲と呼ばれました。英空軍によるドイツ・ドレスデン空襲（1945年2月）を、イギリスの宰相チャーチルはテロ・ボンビングと呼びました）。

とにかく、人間の理性を信じて「平等」を基礎とする理想社会を築こうとしたフランス革命は、その後の人間の歴史に大きな影響を与えはしましたが、合理性に基づく秩序作りが一筋縄ではいかないことも同時に証明しました。

一方、イギリス人の重んじた「自由」についても、これまたプラスの価値だけをもつ理念ではないことが、フランス革命時代の以前から明らかにされています。

それはイギリスで世界最初の資本主義が成立した時期にさかのぼります。15世紀から16世紀にかけて、イギリスでは領主や地主が農民を追い出して羊を飼いはじめることになりました（「囲い込み（エンクロージャー）」の始まり）。これにより、追い出された農民は都市に流れるほか生きる術がなくなりました。そもそもなぜこうした事態が起きたかというと、大寒波によって毛織物の需要が急速に高まったからだと言われています。当然、大量の羊毛が必要になり、利に敏い地主階級は羊を飼うために農民の土地を奪いました。土地を追われ、生産手段を失った農民が都市で生きるには、毛織物工場に雇われて、働くしかありません。こうして、プロレタリアート（無産階級）が生まれました。

やがて、同様の生産様式がどの産業にも広がり、近代資本主義が成立していくわけです。

生まれたばかりの資本主義にとって、「自由」とは、己の利益を己の都合で確保すること、強者が弱者から土地や生産手段を奪うことを意味しました。そうすると、当然ながら強者の自由は、弱者の拘束・不自由を前提としなければ成り立たないことになります。これが産業の発展とともに、国内的には経済・社会的格差の増大、対外的には他国や他地域に対する侵略・収奪の進行、という形となって現れます。およそ「自由」の理念を悪用したとも言える現実です。

2 資本主義の発展と植民地化

18世紀イギリスの経済学者、アダム・スミスが用いた「見えざる手」ということばは有名です。それぞれの個人が自己の利益を追求すれば、市場経済においては結果として社会全体で適切な資源配分が行われ、それが神の「見えざる手」の働きとなる、という考え方を示すことばです。キリスト教徒の楽観論ではありますが、倫理学者でもあった彼は、人間の心には神から授かった同情心と熟慮があるから、貪欲な利益追求には歯止めがかかると考えていました。しかし残念ながら、その

後の歴史を見ると、人間の行動はスミスの期待したようにはなりませんでした。彼の時代はまだ手工業中心の産業で、産業革命が始まりかけた頃でしたが、一旦大規模生産の時代になると、それを牽引する資本主義は自然に勢いを増し、それまで想像もしなかったような自己膨張を始めます。新たなフロンティアを求めて、耐えざる運動を続け、誰にも止めようがなくなっていきます。現在のグローバリズムとネオリベラリズムは、歯止めの利かなくなった資本主義の必然的な結果です。

もともとヨーロッパには、16世紀「大航海時代」に始まるスペインおよびポルトガルによるアステカ王国（14世紀、メキシコ）、インカ帝国（12～18世紀、ペルー）への侵略・殺戮・破壊、あるいはイギリスを中心とするヨーロッパ列強が大勢のアフリカ人を西インド諸島やアメリカ新大陸に奴隷としてに送り込んだ、いわゆる「三角貿易」など、植民地化をめぐる膨大な負の遺産がありま す。奴隷を売った代金で、ヨーロッパはタバコ、綿花、砂糖を手に入れました。産業革命の基盤をなした綿工業の発展は、まさに奴隷貿易のおかげです。言ってみれば、ヨーロッパはそうして獲得した資産を元手にして産業革命を成立させ、近代を築いたのです。

１８０９年、イギリスは人道的な見地からやっと奴隷貿易を禁止しましたが、それは新たな植民地化と搾取の始まりを告げるものでもありました。

19世紀半ば、イギリスは東インド会社による支配をインド全域に広げ、オーストラリア、カナダ、ニュージーランドをも支配下に収めます。一方、フランスも１８３０年にアルジェリアを征服し、

83年にはフランス領インドシナを建設します。第二次大戦終結後、被植民地の人々の命がけの抵抗により、植民地の存続は難しくなりましたが、終息の仕方において巧みだったイギリスに比べると、フランスはきわめて高い代償を払うことになりました。すぐあとで触れますが、1962年、ドゴール大統領がアルジェリアの独立を決断するまでの8年間の闘い（アルジェリア民族独立戦争、54年～）は壮絶を極めました。また、ベトナムでも、フランスはベトミン（ベトナム独立同盟会の略称。41年、ホーチミンが結成）率いる民族独立運動との戦争に突入し、最終的に敗れて撤退する（54年）というプロセスを踏むことになりました。後を引き継いでベトナム戦争を戦ったアメリカに比べれば、はまった泥沼の深さはまだ浅かったかもしれませんが。

結局、西洋近代は、理念としての「自由・平等・博愛」を掲げながら、歴史の現実としては、他国を植民地として利用することで自己発展を遂げたにすぎなかったのです。遅れて近代化に臨んだ日本は、前章で述べたごとく西洋のお手本をそのままに実行し、成功したかに見えますが、戦前戦後を通じて行き過ぎを犯し、まさに今、近代の袋小路にはまり込んでいます。

3

近代化＝文明化の欺瞞

「ヨーロッパの福祉と進歩とは、ニグロの、アラブの、インド人の、黄色人種の、汗と屍によってうちたてられた。その事実を、われわれは二度と再び忘れまいと決意したのである。ある植民地主義国が、植民地の独立要求に困りはて、民族主義指導者に向かって『独立が欲しいなら独立するがよい、そして中世に逆戻りするがよい』と宣言するとき、新たに独立した人民は挑戦に同意し、これに応ずる傾向を持っている」（フランツ・ファノン『地に呪われたる者』鈴木道彦ほか訳　みすず書房　1996年）。ファノンは、西インド諸島のマルチニック島に生まれた精神科医で、アルジェリア戦争の闘士であり、この著書の刊行直前に病で倒れ没しました。アルジェリア独立はその翌年です。

第二次大戦後、ヨーロッパ哲学界を席巻したフランス実存主義の旗手、サルトルが、この本に序文を書いていています。「われわれヨーロッパ人にとって、人種差別的ヒューマニズム以上に筋道の通った話はない。なぜならヨーロッパ人は、奴隷と怪物を拵（こしら）えあげることによってしか、自分を人間にすることができなかったからだ。原住民が存在する限り、この偽善は仮面をかぶっていた。われわれは人類という名で抽象的な普遍性を主張したのだが、この主張は現実的な人種差別を覆いかくすのに役立っていた」。

ファノンの一節もサルトルの序文も、アルジェリア戦争という果てしない暴力の最中に書かれた文章で、ともに過激すぎる表現に見えますが、西洋近代の本質を突いていることは確かです。17世紀から19世紀にかけてのヨーロッパ諸国は、近代化の流れの外にいた他国に進出するにあたり、経済的利益という本音は棚に上げて、ヨーロッパ文明の普遍的な価値の普及という使命をうたいました。現代からすれば、それ自体が問題だったわけですが、それをさらに武力によって押し付けたのです。人間の歴史が一直線に前に進むことに疑いを抱かず、まったく異なる文化・伝統の中で別の道を歩んでいる人々がいるということを無視しました。自分たちの価値観以外のものを認めなかった。ヨーロッパ人がその過ちに決定的に気づくのは、ようやく１９５０年代になって、フランスの人類学者レヴィ＝ストロースが登場してからです。彼は、世界各地の先住民族と接し、言語・文化・人間（集団）行動の統一的な把握を通じて、人類文化を構造的に明らかにしようとした偉大な研究者として知られています。

それまでのヨーロッパ人はどうだったか。フランス革命はローマ教会の権威を踏みにじりました。そのキリスト教はそれ以前、中南米大陸を征服した者たちにとっては自分たちの権利の拠り所として機能していました。キリスト教を信じない者は人間に非ずとして、アステカ、インカ、マヤの人々を抹殺しただけでなく、その高度な文化・文明をも丸ごと破壊しました。人類の歴史において、この上なく大きな損失を引き起こしたのです。キリスト教だけが唯一の普遍性をもつという、これまたヨーロッパ人の誤った考え方が原因です。

それぞれの民族にはそれぞれ独自の生き方があり、その総体としてかれらは独自の文化・伝統を生み出してきました。例えば、謎の文明と言われる中米のマヤ文明は、侵略当時におけるヨーロッパの科学的レベルから見ても、ずっと進んだ段階に達していました。インドより500年も前に零の観念を発見し、天体と数理においては驚くほど高度な研究を行っていたそうです。そうした優れた能力を備えながら、ただその能力を武力には向けなかったというその一点のために、皮肉にも、野蛮なスペイン人の侵略（16世紀初頭〜）に屈し、亡びたのです。もしヨーロッパの航海術が「新大陸の発見」に至ることがなければ、スペイン、ポルトガルによる侵略もなく、人類にとって重要な彼の地の文化・文明は、たとえ形を変えつつも確実に今に引き継がれていたことでしょう。航海術に優れたヴァイキング*でさえ、シチリア止まりだったのだから、まことに残念なことです。

明治の日本もまた、西洋列強によるアジア支配の対象にされかねない状況にありました。しかし、日本の指導者は「富国強兵」政策によってこの危機を脱し、そのあと西洋と同じ姿勢を取って、ア

＊　スカンディナヴィアに住んでいたノルマン人の異称。8〜11世紀、海を渡ってヨーロッパ各地を侵略した。

ジアの近隣諸国を植民地化する側に回ります。名目は、ヨーロッパが唱える「文明化（という名の侵略）」ではなく、その「文明化（という名の侵略）」からアジアを防衛するというものでした。そう言って、自ら列強の仲間入りを果たすためにアジアを支配下に置こうとしたのです。その後1932（昭和7）年、日本は中国の東北地方を侵略し、傀儡政権「満州国」を造り、40（昭和15）年、第二次近衛内閣が「大東亜共栄圏」を唱えるに至ります。欧米の植民地支配に代わって「日本中心の道義に基づく東アジア諸民族の共存共栄」を掲げたわけですが、実質は、軍事力による植民地支配と何ら変わりません。一方的な中国侵略を隠蔽するための「共栄圏」であり、その欺瞞性は、やはり西洋近代と同質のものであったと言えるでしょう。

4

現在から近代の歩みを振り返ってみる

理性による至高の普遍性を説く啓蒙思想は、とくにフランスにおいて強い影響を及ぼし、フランス革命とその後の共和政の思想的基盤となりました。理性の力への絶対的な信念は、当然ながら理想主義的となり、人間の社会がつねに良き方向に向かっていくという前提を作り上げます。18世紀

フランスの啓蒙思想家コンドルセは、ヨーロッパ人が植民地で犯した数々の悪を明確に認めたうえで、人間社会は教育の普及によって、科学的認識能力とともに道徳的能力も向上していくと信じ、やがて戦争はなくなると考えました（コンドルセ『人間精神進歩の歴史』前川貞次郎訳 角川文庫 1966年）。彼は革命時代に共和政の実現に向けて活躍し、恐怖政治の下では匿（かくま）われながらこの遺著を書いたので、人類の未来に対する楽天的な思いは痛々しいほどですが、それだけ当時の啓蒙思想のもつ理想主義の強さもよくわかります。遺憾ながら、現実の歴史は彼の希望に反する形で進みます。第二次大戦になると、それまでの戦争のルールさえ破られ、一般市民を対象とする空爆が始まり、アメリカに至っては広島・長崎への原爆投下という最悪の犯罪に至ります。

市井三郎は、「少数のすぐれた西欧思想家のよき意図にもかかわらず、一八世紀末から一九世紀にかけて産業革命が進展したことが、世界に対する西欧の現実的態度を一方的に歪んだものに変質させていった。ヨーロッパの技術的優位――ただちに武器の優位につながるもの――の確立が、その歪みをもたらしたのである」（前掲、市井『歴史の進歩とは何か』）と記していますが、その歪みを日本がそのまま引き継いだことを知っている私たちにとって、この見方はきわめてよく納得できるところです。

啓蒙思想家がその後の人類の歴史、西洋近代の歩みにかんして予測を間違えた、より重要な事柄があります。それは、人間を動かしたのは実際には理性よりも利益であったことです。現代フランスの社会学者、クリスチャン・ラヴァルは自著で、ヨーロッパ人は長いこと近代という時代を個人の能力が開花する時代、開放の時代、広大な地平線、無限の世界として思い描いてきたが、今や明らかになってきたこの文明は近代の予言者たちの理想とはまったく異なり、「この文明は、〈生産のための生産〉という論理に、すなわち富と人間的安楽が無限に進化していくという幻想に狭められ、閉じ込められてしまったのではないか。西洋はこの幻想を、自分以外の世界にも分けてやるつもりでいる」と述べています（『経済人間――ネオリベラリズムの根底』菊地昌実訳 新評論 ２０１５年）。

キリスト教の伝統では、労働とは神の与えた罰でした。自分の利益のために働く人間像はそうした神意とは無縁の、新たな価値観に基づいているとラヴァルは言います。かつては宗教的観点に基づく社会制裁によって道徳を守ることが重視されました。これに対して、近代の人間像においては、自分の利益を優先させる個人同士の関係を、どう調整するかが重要になりました。近代資本主義を導いた15～16世紀イギリスの「囲い込み（エンクロージャー）」については先に触れましたが、その後、資本主義は産業革命を経て拡大し、歯止めなく自己運動を続けて現在に至っています。「囲い込み」の時代、土地を奪われた農民は都市に出て悲惨な暮らしを強いられ、村や共有地は解体され、野も畑も荒れ尽くされて、かつての風景は非人間的な世界に変わり果てました。当時、イギリスの思想家トマス・モアはこの状況を『ユートピア』（１５１６年）に描き、イギリス社会を痛烈に批判しましたが、ラヴァルは現在の状況にもそのまま当てはまると言います。

ラヴァルが言わんとしている現在の状況とは、富める者がますます富み、貧しい者が救われない状況、あるいは低開発国の貧しい人々がどんなに努力しても搾取から逃れられない状況を指します。今日のそれは、1991年のソ連崩壊後、アメリカの圧倒的な軍事力を背景に世界の画一化が一層進み、アメリカをはじめとする多国籍企業が地球規模の経済活動を展開しはじめた結果です。この「経済のグローバリズム」は、すでに触れたネオリベラリズムの台頭と並行して世界を覆いました。アメリカではレーガン、イギリスではサッチャー、日本では中曽根・小泉が、「小さな政府」を主張して、市場原理主義、規制緩和、競争促進に基づくこのネオリベラリズム経済を促進しました。今やひと握りの多国籍企業が世界の市場を寡占化する時代となりました。その勢いを止める力はどの国家にもありません。それがどんなに非人間的な結果を生もうとも、やりたいようにやるのを見ているしかないというのが、「ユートピア」と反語的に表現される現在の世界の現実なのです。

それにしても、「自由・平等・博愛」という立派な標語を掲げて新しい時代を切り開こうとした西洋の近代が、現在このような色合いに染められてしまったのはなぜでしょう。三つのうちの「自由」だけが法外な力を振るったからだと言えないでしょうか。

ここで、18世紀の啓蒙思想家の中でも、フランス革命の思想的核心を作り、人権宣言にもその考えが掲げられているジャン＝ジャック・ルソーについて、一言触れておきましょう。「啓蒙」とは闇を光で開くという謂れの通り、たしかに啓蒙思想家たちは、理性の力によって人間社会のあらゆるものが進歩すると信じていました。これについては先のコンドルセの例でも明らかです。その中にあってルソーは、人民主権の理論において人々が幸福になると説きながら、一方では、いかに国家が改良されても、いずれ国家は滅亡に向かうと、きわめて悲観的な見通しを示していました（ルソー『社会契約論　ジュネーヴ草稿』中山元訳 光文社古典新訳文庫 2008年）。ある意味では、西洋近代がもたらす未来を予言していたと言えるかもしれません。しかし、ここまで悪化するとは、ルソーも想像しなかったでしょう。

5　進歩史観と成長幻想

人間の歴史はつねに進歩する――啓蒙思想家たちはそう考えました。しかし、昔からそう考えられていたわけではありません。むしろそうではないと考える人の方が多かったはずです。古代ギリシアの哲学者、プラトンは、歴史は段階的に発展するけれども、それは衰退と悪化に向かう変化であるととらえていました。また、古代ユダヤ人にとっても、人類の黄金時代は過去にあり、人間の歴史はそれを再生することが目的とされていました。さらに、古代中国でも、歴史は、春夏秋冬の

ように循環すると考えるのが基本でした。イエスが生まれて、キリスト教の終末思想という新しい要素が初めて入ってきました。現在を救うために、黄金時代は過去ではなく、未来にあることになったのです。

18世紀の啓蒙思想家の多くは、前時代よりも優れた時代が始まったと告げ、「人類が進歩したこと」を人々に信じさせます。先に挙げたコンドルセは、当代の人間の精神は10段階中の9番目に達したと考えました。このような明るい認識が生じるようになったのは、人々が多くの科学的成果を知り、地理的視野を拡大させたことが大きいでしょう。しかし、こうした見方はあくまでもヨーロッパ自身に対するもので、それ以外の世界に対してはあくまで停滞したままの状態であるとみなしていました。だからヨーロッパは「遅れた国々」の文化を滅ぼしても良いと考え、植民地化を加速させ、大国に至っては帝国主義支配を一層強めることになったのです。19世紀に入って生まれた唯物史観（マルクス主義の歴史観）も根は同じで、その論者たちは共産制社会という理想形の未来を目指し、社会を進化させようとしました。

世界的な経済不況から抜け出せない現在においても、西洋中心のこの発想は進歩史観に呼応しつつ、自己膨張を続ける資本主義の経済原理もあって、経済成長幻想をしつこく残存させています。しかし、現代フランスの経済学者、トマ・ピケティの指摘によれば、資本主義は経済成長を生まないのに、たまたま第二次大戦後の30年間は破壊のあとの復興によって高成長が可能となっただけであって、そうした現象はあくまで例外にすぎない（ピケティ『21世紀の資本』山形浩生ほか訳　みすず書房　２０１４年）。日本の場合も、高度成長期を経たのち、１９９１年の金融不況以降は20年間ゼロ成長を続けて、「失われた20年」と言われました。どの先進国でも貧富の格差が広がるばかりで、若者の失業率が高い。日本では統計上の失業者は多くなくても、非正規・低賃金で働く者が多く、とりわけ若い人たちは、先の見えないきわめて不安定な立場にあります。総務省の資料によれば、２０１６年の雇用者全体に占める非正規雇用の割合は37・5％と過去最高を記録しました。成長幻想に縛られたまま、その限界の付けを若い人たちに負わせるというのは、許されないことです。

6
近代の歩みの果てとイスラム

パリやロンドンをはじめとして、現在、ヨーロッパの都市に住む住民やそこを訪れる観光客は、いつふたたびイスラム国（ＩＳ）の理不尽な暴力・殺戮事件に巻き込まれるかと、不安な気持ちでいます。大部分のムスリム（イスラム教徒）もこうした暴力を全面的に否定し、批判しています。しかしながら、ＩＳ掃討を目的とした軍事的な対応だけでは、真の解決にはなりません。ＩＳはイスラム史上、最悪の病理現象ですが、突然現れたのではなく、深い根をもっています。世界のムスリム人口は約16億、しかも年々増加する傾向にあります。ムスリムといかに平和的に共存するかは、欧米諸国だけでなく、世界中の人々にとって根源的な問題です。アジアはとくに、パキスタンに2億5000万人、インドネシア、インドにはそれぞれ2億3000万人と、大勢のムスリム人口をもっている地域です。日本の人々もこれからさまざまな形で、ムスリムの人たちと接する機会が増えていくことでしょう。この本で扱うには大きすぎる問題ですが、近代について考えるなら、イスラムについて最低限必要なことに限って触れざるを得ません。

そもそも西洋近代の原点はイスラムにあると聞いたら、驚くでしょうか。私たちはイスラムにかんして、これまであまりにも無関心でした。

イスラム学者の板垣雄三によれば、イスラムは狭い意味での宗教を超えた、都市的性格を特徴とする文明体系です（板垣・後藤明編『イスラームの都市性』日本学術振興会　1993年）。西洋近代を形づくった都市の原型をヨーロッパの伝統的なコミューン自治体に求めるのは西洋中心の考えであり、むしろイスラム文明が、人と物と情報の交流し合う場を発展させて都市を作り、その都市が、地続きのヨーロッパに展開して西洋近代を生んだと板垣は言います。西洋近代の原理にとって異物のごときイスラムが20世紀に入って突然自己主張しはじめた――このような認識に立とうとするのは、まさにヨーロッパの自己中心的な見方の表れだそうです（板垣『イスラーム誤認』岩波書店　2003年）。

ヨーロッパが世界史の主役として登場するのは、13世紀から16世紀にかけて広まったルネサンスのあとからで、それまでのヨーロッパはイスラム圏にくらべて、辺境、田舎にすぎませんでした。イスラム文化は早くからギリシアをはじめとする古典的な知の遺産を受け継ぎ、発展してきました。８３０年にはアッバース朝（７５０～１２５８年。イラクを中心とした初期イスラム王朝）の首都バグダッドに哲学・自然科学の研究機関「バイト・アルヒクマ」（知恵の館）が設けられ、膨大な古典の翻訳作業が開始されていました。ヨーロッパ人はその翻訳とイスラム人学者による注釈をラテン語で読んで、古典を学んだのです。その後、イスラム支配下のスペインでも翻訳・研究が続けられ、それによってルネサンス期のヨーロッパの学者はギリシア・イスラムの知的遺産を受け継ぐことになりました。これが印刷術の発展で全ヨーロッパに普及し、ルネサンスの原動力になったわけです。残念ながら、その頃からイスラム文化は衰退しはじめることになります。

しかし、文化面でヨーロッパに主役を譲ったイスラムですが、政治的にはその後大発展を遂げ、西欧キリスト教世界にとっての一大脅威となります。小アジアの片隅に生まれたイスラム王朝、オスマン帝国は、15世紀に東ローマ帝国の首都コンスタンティノープルを征服してから大帝国となり、17世紀に入ると東西はアゼルバイジャンからモロッコ、南北はイエメンからウクライナ、ハンガリー、チェコスロバキアに至る広大な地域を支配下に置きました。15世から16世紀にかけてのその勢いは「オスマンの衝撃」と言われたほどです。やがて17世紀末から次第に勢いが衰え、領土は縮小し、第一次大戦の敗北（1918年）によって事実上解体、23年にトルコ民族の国民国家であるトルコ共和国の誕生となります。

問題は、オスマン帝国の崩壊過程で中東地域がどうなったかです。イギリスとフランスがアラブ人を欺いて山分けしたのです。現在に至る中東紛争とＩＳ登場の原因の大本はここにあります。

1915年、イギリスの駐エジプト高等弁務官マクマホンがメッカの太守フサインと往復書簡を交わし、アラブ人国家を造ることに協力する姿勢を見せます。ところが、翌16年、英仏はサイクス・ピコ協定（英仏露のオスマン帝国地域三分割秘密協定）を結び、現在のシリア、イラク、ヨルダン、パレスチナを通る国境作りを、それぞれ自分たちの勢力圏として有利に働くよう勝手に行ったのです。これがいわゆる中東地域の山分けです。おまけに、17年には、イギリスのバルフォア外相が、「ユダヤ人がパレスチナの地に『民族的郷土』を作るためなら惜しみない援助を与える」と宣言し、ユダヤ人とアラブ人との対立を一層掻き立てることになりました。よくぞここまで利己主義を貫いたと呆れますが、これが当時の国際外交のベテランのやり口だったのでしょう。

こういう歴史的事実に基づいて考えるなら、西洋近代の理念とは何だったのかと、改めて疑念が生じます。イスラム学者の中田孝は、人権、平等、自由などはすべて近代西欧が作り出したフィクションでしかないとしたうえで、今日のシリア内戦についてこう記します。「現在、西欧で起きているムスリム難民排斥運動は、美しい虚構の理念で飾り立てた自己イメージの破綻を否認しようとするヒステリックな西欧の自我の防衛機制に他ならない。西欧は、この現実に直面し、近代西欧文明は普遍的文明などではなく、歴史的役割を終えたローカルな地方文明に過ぎないことの痛みを伴う自覚を迫られているのである」（内藤正典・中田考『イスラームとの講和——文明の共存をめざして』集英社新書　２０１６年）。相次ぐテロで多数のヨーロッパ市民が犠牲になっている以上、この見方を全面的に受け入れるのは難しいと思われますが、しかし、イスラムから見た西洋近代の本質的側面を突いていることは確かです。イスラムの問題はイスラムだけの問題ではありません。西洋、そして世界全体の問題です。私たちは、まずそのことを知っておかなければなりません。

イスラムの内部にもシーア派*とスンニー派**の内部対立という難問があります。イランとサウジアラビアの対峙、シリアの内戦、スンニー派のＩＳの拡散と、さまざまな要素が複雑にからまり合っています。しかし、西洋近代とのかかわりで見るならば、第二次大戦後にヨーロッパが犯した最大の罪は、ユダヤ人がパレスチナ人を追い出してイスラエル国家を造るのを、後押ししたことです。

１９４８年5月、イスラエルは独立宣言を発し、49年5月、国連加盟を認められました。しかし、そこはもともとパレスチナの農民が住んでいた土地でした。アラブ諸国がこの独立に反対したのは当然です。この独立宣言は、以後数次にわたる中東戦争の引き金となりました。

ナチス・ドイツによるユダヤ人大虐殺という歴史的事実ゆえに、戦後のヨーロッパにはユダヤ人への同情心が働いていました。このことも一因となって、イスラエル建国以来続くこの国のパレスチナ人への迫害は、事実上、ヨーロッパでは黙認されてきました。また、ユダヤ系が力をもつアメリカがイスラエルを極端に贔屓したので、イスラエル自身も、国連からの告発を平気で無視してきたと言えます。１９９３年のオスロ合意（イスラエル－パレスチナ解放機構［ＰＬＯ］間で同意された一連の和平協定）でようやくパレスチナの自治が合意されました。これにより、将来、パレスチナ人による国家建設の希望も高まりました。しかし、イスラエルはその後、ヨルダン川西岸地区とガザ地区の二つのパレスチナ自治区に侵入し、今も不法な入植活動を活発化させています。国連パレスチナ難民救済事業機構（ＵＮＲＷＡ）によると、イスラエル建国によって故郷を追われ、パレスチナ自治区と周辺国に逃れたパレスチナ難民およびその子孫は、２０１４年現在、約５００万人、うち約45万人がレバノンの難民キャンプに暮らしています。隣国シリアの紛争の長期化で生活はさらに苦しくなっているそうです。イスラエルの横暴を実際に食い止めない限り、パレスチナ－イスラエル間の紛争は今後も続き、平和は訪れません。

第一次大戦後のオスマン帝国解体に伴う理不尽な国境編成、そして第二次大戦後のイスラエル建

＊　イスラムの開祖ムハンマド（５７０年頃〜６３２年頃）の従弟で4代カリフのアリーとその家系をイスラム共同体の指導者とする諸分派の総称。

＊＊　イスラムの多数派。ムハンマドの言行（ハディース）に基づく行為規範および共同体の合意を重視する。全ムスリムの約9割を占める。

国と、西洋は二重に中東の混乱の基を作り、和平を不可能にしているのです。

近代の行き詰まりに直面している私たちは、16億のムスリムの人々と協調して生きる以外に、世界平和への道がないことを確認しなければなりません。経済以外のグローバリズムが要請されているゆえんです。

アイヌ侵略・破壊の文化と共生の文化

第8章

近代発展の帰結としての原発からアイヌ文化を考える

1
原発事故は決定的な転機

原発については、すでにこの本で何度も取り上げてきましたが、この問題が私たちの現在と将来に与える決定的な意味を、ここで掘り下げて考えてみましょう。これほど切迫した危険を為政者が本気で考えない姿勢は、あまりにも不可解だからです。

1979年にアメリカ・スリーマイル島原発事故、86年にはソ連（ウクライナ）・チェルノブイリ原発事故があったのに、日本、いや世界ではその後何事もなかったかのように原発の利用を続け、事故の記憶が消え去ったかに見えた2011年3月11日、東京電力福島第一原発に大事故が起きました。東京電力経営者は、これは大地震の津波による想定外の事故であると弁明しました。この責任逃れについてはまたあとで触れますが、まず何よりも、原子力発電そのものが、科学を誤った方向に用いた典型であり、ただちに廃止すべきものなのです。技術的な未熟さがたとえ将来的に解決されたとしても、事故が絶対起きないという完璧なレベルを想定することは誰にもできない。他の産業技術なら、もしそれが公害をもたらせば、その弊害をなくすために改善していくことも可能でしょうが、こと原子力にかんしてはそうは行きません。一旦大事故が起きればもう取り返しがつかない。私たちの近代は何を間違ったか、この人知の及ばない、修復不能な産業技術の運用を選んだのです。

私たちは近代の恩恵を受けている間に、科学技術の進歩と経済的な発展が限りなく続くという幻想を信じてしまいました。そして、「原子力（核）の平和利用」はさしあたり進歩の最先端であると思い込まされました。しかし、もともと大量破壊兵器として開発されたきわめて危険な技術を、電力として流用したのが原発です。大量破壊兵器を出自とするこの技術は、そもそも私たちの命と生活、そしてそれを支える環境を根底から破壊する危険を伴っていました。その危険を防ぐのには膨大なコストがかかるはずです。東京電力の最高経営責任者は津波の大きさを「想定外」としましたが、これが真っ赤な嘘であることが、原発事故の刑事責任を問う東京地裁の初公判（２０１７年６月）で明らかになりました。２００８年、当時の原子力安全・保安院の指示に対して東京電力の津波対策担当者は真剣に対策を練り、「巨大防潮堤」図面を作成していました。つまり、やればできた対策を、結局、経営陣はまったく何もやらなかったということが判明したのです。やらなかった理由は一つとは限らないでしょうが、最大の理由は、企業としていかにコストを減らすかに拘泥したことであろうと推測できます。もっとも、原発に対策の万全性などあり得ないことはすでに述べた通りです。

他にくらべて発電費用が一番安い、そういう理由で大電力会社がこぞって飛びついた原発も、廃炉費用、放射能廃棄物処理費用を考えれば、とんでもなく高いものにつくことが今はわかっています。それなのになお再稼動にこだわるのは、正気の沙汰とは思えません。ペイしないのに、コストを下げるために原発を使うという浅知恵はどこから出てくるのでしょうか。

福島原発事故では、多くの住民が生活の基盤を突如奪われました。危険性の問題とコスト管理の問題はまったく次元の異なる問題なのです。命と暮らしに見合うコスト計算など成り立つはずがありません。原発立地地域やその周辺の住民は、今も全国いたるところで再稼働反対運動を続けています。浅知恵にとらわれた住民も多くいて、再稼働中止に追い込むにはまだ至っていませんが、大きな流れはもう止めようがないと思われます。

福島原発事故は、単なる技術的な破綻を意味する事故ではありません。科学、経済、政治、あらゆる面での管理体制が立ち行かなくなったことを示す象徴的な事件です。近代の発展が一極集中路線に沿って形づくられてきたという意味で、原発は国家に導かれ、国家に支えられて生み出された「発展の極」でした。現在の政財界がエネルギー源をこれまで通り原発に頼ろうとしているのは、この象徴的事件の意味をとらえ損ねているからです。ヨーロッパではドイツ、イタリア、スイスがいち速く原発廃止への判断を下しましたが、隣国でも、程度の差はあれ、台湾と韓国がその方向に舵を切りました。人類の知恵がまともに働くようになれば、かならず世界の原発立地国は脱原発となるでしょう。

ところで、原発が核兵器技術の転用であった由来は、その後の原発開発がつねに、核兵器を最初に開発したアメリカ主導で進められていくことにもつながります。1957年、アイゼンハワー米大統領の提唱などにより、原子力（核）の「平和利用の促進」と「軍事転用の監視・防止」を目的に国際原子力機関（IAEA）が発足されました。IAEAは2005年にノーベル平和賞を受け、立派なことをやっているように見えますが、実質はアメリカの意に沿った活動を行っています。一方、国連の専門機関である世界保健機関（WHO）は、人間の健康を人権の一つとしてとらえ、その達成を目的にして活動を続けていますが、IAEAはこのWHOと1959年5月に協定を結んでいます。協定には、「一方が他方にとって多大な関心事である分野での計画又は活動を企てようとするたびに、前者は後者に諮り、共通の合意において問題を処理する」とあります。

その意味するところは何でしょう。原子力の推進にあたって、その下に健康問題が組み敷かれることになったのです。福島原発事故のあと、政府は住民の放射能被害が問題となるたびに、事故の影響をできるだけ小さく見積もろうとする医学関係者の意見を取り入れてきました。小児の甲状腺がんの発生についても、できるだけ控えめに発表しようとしてきました。アメリカが提唱してきた「原子力（核）の平和利用」を今後も続けていくためです。日本の対米従属については第2章でかなり強調しましたが、日本はここまでアメリカの支配下にあるのかと驚かざるを得ません。原発の場合も、事情はまったく同じなのです。国際放射線防護委員会（ＩＣＲＰ）という民間組織があります。専門家の立場から放射線防御に関する問題を取り扱ってきた組織です。ＩＣＲＰは、医学的見地から平常時の追加的被曝許容限度を年間１ミリシートベルト、緊急時のそれを年間１００〜２００ミリシーベルトと発表してきました。ところが日本政府は経済的観点から、早くも福島原発事故直後の２０１１年4月に、平常時の限度をその20倍に当たる20ミリシートベルトにまで引き上げたほどです（シーベルトは放射線が人体に当たった場合の影響度の度合いを表す単位）。

かてて加えて、作家・評論家、笠井潔が言うところの「ニッポン・イデオロギー」があります。「長期的視野を欠いた当面の利益への固執、不決断と問題の先送り、相互もたれかかりの人間関係、あとは野となれ山となれ式の無責任などなど、8・15と3・11に共通する思考と行動の特異な様式は、ニッポン・イデオロギーの産物にほかならない」（笠井『8・15と3・11――戦後史の死角』ＮＨＫ出版　２０１２年）。

3・11、とりわけ福島原発事故が日本近代の歩みにとって決定的な転機であったことを、日本の政財官の指導者はとらえ損ないました。平常時には気づかれなかったことが、異常時に突如、表に顔を現すことがあります。原発にかんして言えば、それが差別のシステムであったという事実です。なぜ都会ではなく地方が原発を引き受けなければならないのか。答えは単純です。大量の被曝を伴う大惨事を想定すれば、人口稠密な都市ではなく人口の少ない地方に設置する方がよい、というだけのことです。日本の政府は、地方を中央の植民地のように扱ってきたわけです。電源三法（電源開発促進税法、特別会計に関する法律、発電用施設周辺地域整備法）によって地方に膨大な補助金をばらまき、潜在的な被曝の危険を受け入れさせるという、いわば毒まんじゅうの仕組みです。中央の体制に従属させられ、経済的自立の道を奪われた地方はこの仕組みに服従し、依存するしかなく、まさに差別のシステム、近代の植民地政策の延長線上に組み込まれてきたのです。

2 再生エネルギーによる地方自立の試み

一方、原発再稼動への反対運動が今もねばり強く続けられています。それと並行して、まず被災地で、ついで全国各地で、もう原発には頼らないという市民の意思が、再生可能エネルギーの発電計画を着々と実現化させています。その一つの仕組みとして、地方の組織が自然エネルギー（太陽光、風力、水力など）によって発電した電力を、大電力会社に買い取らせるというものがあります。しかしこの仕組みは、すべてが大電力会社の管理の下に置かれることを意味します。大電力会社はその適用対象を一定枠の範囲内に限定し、「無制限・無補償」で接続を切れる権限を利用して高額の接続負担金を発電元に要求するようになっています。これでは再生エネルギー発電の経営は不安定となり、存続も危ぶまれます。そこで生まれてきたのが、自分たちで作った電力は既存の大電力会社に売らず、自分たちで使うという、「電力の自給自足」の考え方です。これこそ、最も望ましいあり方で、実際、自治体を巻き込んだ試みも各地で起こり、かなり明るい将来展望が開かれています。

『朝日新聞』２０１７年4月27日～5月13日の「マイ電力」特集には全国各地における自然エネルギー発電の試みが紹介されています。これを読むと、すでに実績を上げている取り組みも見られ、心強い。いくつか例を挙げてみましょう。

鳥取県米子市は２０１５年、市が10％出資し、残りを地元企業が出資する形で電力会社「ローカルエナジー株式会社」を立ち上げました。目的はエネルギーの地産地消です。研修を受ければ、素人でも需給管理業務が可能で、公共施設約３００件、一般家庭約２２００件に電力を供給しています。また、宮城県東松島市では市と商工会が２０１２年、「一般社団法人東松島みらいとし機構」（ＨＯＰＨ）を立ち上げ、２０１６年4月から市・農協・漁協関連施設に電力を供給し、同年6月からは災害公営住宅（東日本大震災の被災者用住宅）に対する電力管理も請け負っています。ここも需給管理は自前でやっているそうです。管理のノウハウが蓄積されれば大きな資産となり、地域には新たな雇用が生まれ、お金も地域で循環することになります。自分たちで作った電力は大電力会社に売るより自分たちで使った方が割に合う。新しいシステムの事業者たちはそういう時代が目の前に来ていると考えています。

脱原発の先進国は何と言ってもドイツです。「シュタットベルケ」と呼ばれる都市公社が全国に約９００あり、国内電力の半分を供給しているそうです。しかも、自然エネルギー施設の半分が市民出資で運営されているそうです。２０１７年2月、日本初のエネルギー地産地消都市として知られる福岡県みやま市で、「日独自治体エネルギー会議」が開かれました。両国の自治体関係者をはじめ、約60団体、１３０人が参加したそうです。「ドイツでも小さな自治体が助け合い、連携することで力をもっていることが、よくわかった」という、みやま市新電力会社社長のことばは、自信に満ちた確認でしょう。巨大電力会社が支配して、ありがたく電気を売ってもらうシステムは、もう期限切れが近づいているのではないでしょうか。

すでに書きましたが、日本と並ぶ「原子力発電国家」の双璧はフランスです。「原子力発電国家」と名づけうる理由は、原発は大量の電力を一局集中的に作り出すシステムである点で中央集権的な官僚機構に適応するからです。市民のチェックが入りにくいその構造はまことに閉鎖的で、官財学にまたがった「原子力ムラ」と言われるゆえんです。そのフランスでも、最近、電力の原発依存度を、現在の70％から50％へ下げる長期方針が決まりました。革命の歴史をもつフランスは、中央集権国家である一方で、市民の反権力意識も高い国なのです。それにくらべると、残念ながら権威に弱い日本の中で政府・巨大電力会社の原発依存体質を打ち破るのは容易なことではありません。それでも、核技術を否定し、自然エネルギーを求める人々の近年の動きは、日本の政治・経済・社会全体にかかわる変革と一直線に結びついて広がっていくことでしょう。

3
「管理された民主主義」からの脱却

佐藤嘉幸と田口卓臣は、明治以来の中央集権的統治は戦後の一見民主的な体制においても残っている事実を指摘し、それを「管理された民主主義」と呼んでいます（前掲、佐藤ほか『脱原発の哲学』）。甚大な産業公害が戦後次々と発生したのに、政府はそれを隠蔽する構造を作り出し、福島原発事故はその悪しき政治の極限的な表れとなった。今こそ日本近代史の根源的な再検討が必要である。佐藤らはそう述べています。

西洋近代に生まれた民主主義は、どの国においても完成されたことはなく、その意味ではいわば理想に向かう試行錯誤の歩みであったと言えるでしょう。その点、日本の場合だけを否定的にとらえるのは正しくありません。ただ、まさに漱石の言う「外発的開化」の下で、明治政府による徹底した管理から出発した日本の民主主義の歴史が、さらに敗戦後のアメリカの占領政策によって接ぎ木され、自然な発達から遠かったことは事実です。形式は一応整えられても、内実に欠けたことは、最近の安倍政権の独裁的なやり方にもそのまま体現されています。民主主義とは数の力であることに尽きる——政治家の多くは今もそう考えている。こういうお粗末極まりない政治認識と、科学技術の進歩に対する誤った幻想、この二つが結びついているのが、残念ながら明治以来の日本社会の現状なのです。

間違って踏み込んだ道から抜け出すために根源に戻って考えようとすると、私には二人の人物の名前がすぐ浮かびます。一人はアフガニスタンやパキスタンで農民のために活動を続けている中村哲です（第3章）。彼は言います。「やがて、自然から遊離するバベルの塔は倒れる。人も自然の一部である。それは人間内部にもあって生命の営みを律する厳然たる摂理であり、恵みである。科学や経済、医学や農業、あらゆる人の営みが、自然と人、人と人との和解を探る以外、我々が生き延びる道はないであろう。それがまっとうな文明だと信じている。その声は今小さくとも、やがて現在が裁かれ、大きな潮流とならざるを得ないだろう」（前掲、中村『天、共に在り——アフガニスタン三十年の闘い』）。

もう一人は、水俣病患者との心のつながりから稀有の美しい世界を築いた作家、石牟礼道子です。彼女は、人類ということばをあまり使わず、それを含めて生類（しょうるい）と言います。人類と言うと、人間以外のあらゆる生き物に対して引け目を感じてしまうそうです。「生類と言えば、そこには草や魚や鳥なども含まれるでしょう。現代だけでなく、太古を生きた生物も、そこには含まれる。かつては、人も生類の一部だったんです。人も生き物も対等だった。なのに、戦争時代の後も、人は生類の世界から離れていき、人間だけが特別扱いされるのが当たり前のようになってしまいました。私もそんな人間の一人です。なんとも、恥ずかしい気持ちです」（「インタビュー　おのずからなる力は強い」『週刊金曜日』２０１７年　３・17）。

この二人のことばは、原発を作るに至った人間の驕り高ぶりを、鮮やかに浮き彫りにします。事故の悲惨は言うに及ばず、放射性廃棄物による地球の汚染は、今を生きるすべての生類、そして後世に生きるすべての生類を傷つけ、損ないます。私たちにそんな無責任なことをする権利はありません。一刻も早く慢心に気づくべきです。

4　自然とともに生きるアイヌ民族

蝦夷地（北海道の古称）に住むアイヌについては、その名前以外にほとんど何も知らないという

日本人が多いでしょう。私は札幌に生まれ、育ちました。直接知って、付き合ったアイヌの人はごくわずかですが、日本人がアイヌ民族を圧迫し、その土地を奪い、搾取した歴史的事実、そして現在もアイヌの人たちに対して政府の対応が十分でない事実にかんして、責任の自覚があります。

明治以降、日本が西欧のあとを追って、韓国、台湾を植民地化したことはすでに述べましたが、日本はそれ以前にも、自分の利益のために他民族を侵略しています。蝦夷地のアイヌ民族と現在は沖縄人と言われる琉球民族です。西欧のどの国も、弱い者に対して似たことをやってきましたが、だからと言って、日本がその真似をするのは許されることではありません。私たちはこの負の遺産をしっかりと認識するところから始めましょう。

アイヌ民族の文化について、ごく簡単に述べると、アイヌは自然とともに生きてきただけでなく、実に豊かな独特の精神世界も作り出してきた民族です。一般に北方民族の人々は、土地が寒冷で大規模農業に適さないために、人類が狩猟採取時代に築いた文化を今も残しています。アイヌの場合、かれらの精神世界では、天地のすべてに霊魂が宿っています。一番上位にあるのは神々の魂、中間には人間の魂、その下には道具のもつ魂があります。

上位の神々とは、人間にはない能力をもつ存在、熊、オオカミ、フクロウなど仮の体をまとっている神で、アニミズム（霊的存在への信仰）とはちょっと違います。人間に最も身近で、役立つ火もまた、上位の神です。人間は神々に守られて幸せに暮らし、神々はまた人間に礼拝され、感謝されることによって格が上がるので、アイヌにとって神と人間は緊密な相互依存関係にあるのです。アイヌは文字をもたない代わりに、豊かな口承文学、叙事詩であるユーカラや数多くの民話を語り継いできました。萱野茂『炎の馬――アイヌ民話集』（すずさわ書店　１９７７年）などを読むと、人と神が交流し、ときには婚姻し、神の国に遊ぶこともする、その自在な交わり方に魅了されます。自然の素材で人間が作った道具、船・ナイフ・弓矢・縫い針などにも魂が宿ります。人間はこうした魂のおかげで日々の暮らしができます。つまり、アイヌの人々は、自分のまわりのあらゆる生き物・道具とつながる世界を形づくり、その中で共に生きるという、固有の生き方、独特の文化を築き上げてきたのです。

ところが、日本の侵略を受け、アイヌ民族固有の文化は、次第に抹殺されていきます。日本人が開発と言い、開拓と言うのは、アイヌの人々にとっては土地を奪われることであり、自分たちの暮らしが成り立たなくなることでした。

江戸時代、蝦夷地は松前藩の支配下にありました。藩は場所請負制という制度の下で、悪辣な商人たちにアイヌとの交易を任せます。そのために、アイヌの人々は生きる自由をほぼ奪われた悲惨な状況に追い込まれました。当時の日本人のほとんどは、自分たちのすぐそばで、そんなひどいことが行われているとはまったく知らなかった。現代の私たちも、アイヌの人々が受けた迫害の真相について無知のままだと思われます。幸い、松浦武四郎という稀代の探検家・記録者のおかげで、アイヌ民族の理不尽な運命について推測することができます。彼は幕府の「蝦夷地御雇」として、幕末期、十数年にわたって蝦夷地を探検・調査し、数多くの記録をしたため、和人（アイヌに対する日本人の自称）によるアイヌ民族の虐待を告発しました。私たちは、松浦が自らの足でアイヌの風俗と文化への理解を深めながら、アイヌモシリ（アイヌとは「人間」の意、アイヌモシリは「人間の静かな大地」の意）を踏みにじってきた和人の実態や和人としての己の立場に気づく様を、花崎皋平の著書『静かな大地――松浦武四郎とアイヌ民族』（岩波現代文庫 2008年）によって知ることができます。

江戸幕府は松浦武四郎に蝦夷地の探検・調査をさせても、その貴重な記録を公刊することは認めませんでした。そして明治維新後、日本が近代国家として成立すると、アイヌ民族にとって事態はさらに悪くなります。アイヌ民族の土地であるアイヌモシリは一方的に北海道と名付けられ、「無主の土地」として取り上げられてしまったのです。アイヌ民族の生活圏である「山林川沢原野等」だけでなく、「旧土人住居の地所」までも、すべて「官有地」とされてしまいました。明治政府は幕府や松前藩よりもさらに貪欲に、アイヌからあらゆるものを収奪することになったのです。政府は松浦の経験と識見を評価して彼を「蝦夷地開拓御用掛」に任じ、彼も一時、その役に就きましたが、たちまち辞めてしまい、その後二度と北海道の地を踏まなかったそうです。アイヌの人々に対するさらなる蹂躙を目にすることが耐えられなかったのでしょう。

明治政府は、アイヌ民族のもつ独自の価値観にはまったく無関心でした。「未開民族」が滅びるのは歴史の必然、運命であると考え、アイヌを日本人に同化させることにひたすら努めました。北海道開拓使、黒田清隆が同郷薩摩の政商である五代友厚に蝦夷地の官有物を安値・無利子で払い下げるという事件が起きたときには、さすがに世論の強い非難を浴びましたが（1880［明治13］年）、結局、アイヌの地を官民の有力者が山分けして産業を興すという仕組みは変わりませんでした。『アイヌ神謡集』（知里幸惠編訳、岩波文庫　1978年）を残して、惜しくも結核で早世した知里幸惠は、その序に「おお亡びゆくもの［…］それは今の私たちの名、何といふ悲しい名前を私たちは持ってゐるのでせう」と書きました。1922（大正11）年のことです。彼女の時代からアイヌの苦しい状況はさらに悪くなっていき、「開発」の名の下に散り散りにされ、貧しさから免れない人が多い。しかし、アイヌの人々は決して諦めなかった。今や、先住民族の権利は世界的に擁護される時代になっています。それに呼応して、アイヌ自らによる復権を試みる活動が広がりつつあるのは、嬉しいことです。日本政府がその方向に積極的に動くよう促すのが、日本に住む私たちの当然の仕事であると思われます。

5 先住民族の権利

第二次大戦終結後、旧植民地の独立が大きな流れとなり、大国と中小国が肩を並べる国際連合（国連）という組織が誕生しました。米ソ対立による冷戦さえなければ、この組織は国際平和という理想に向かって、多くのことを成し得たでしょう。しかし、残念ながら、歴史の現実は多くの矛盾と抗争に阻まれ、その無力を嘆かれることが多かった。そうした中で２０１７年７月７日、「核兵器禁止条約」が国連会議で加盟１９３か国中１２２か国の賛成を得て採択されたことは大きな希望です。大国の圧力を排除し、コスタリカ、キューバ、メキシコなど小中諸国の主導で成し遂げた画期的な条約となりました。これは歴史に残る偉業です。核保有国や日本を含む大国はこの決議に反対しましたが、「国際的な世論は大国中心によって作られるものではない」ということを証明した点で、文字通り歴史を書き換える出来事となりました。この条約の発効にはまだ長い道のりが必要でしょうが、それでもすでに同年9月20日には署名国数が条約発効要件となる50か国を超え、署名各国が批准に向けた国内手続の段階に入っていることはすでに述べた通りです（第1章）。いわば

前人未到の一歩が踏み出されたのです。

もう一つ、国連が無力でなく、重要な役割を果たしうることを証明したのは、「先住民族の権利に関する国連宣言」です。2006年6月に国連人権理事会で採択され、2007年9月に国連総会で決議されました。これに対して日本政府は当初、「『先住民族』についての国際社会の定義がまだ定まっていない」という理由を唱えて、議論を先延ばししました。しかし、国際的な潮流には逆らえず、2008年6月6日、衆参両院で「アイヌ民族を先住民族とすることを求める決議」が満場一致で可決され、これに従って官房長官が談話で先住権を確認しました。日本国内の動きだけではこうはならなかったでしょう。アイヌの人々にとっては長い長い道のりでした。

とはいえ、状況は本当に変わったのでしょうか。

私たちの国には1899（明治32）年に制定された「北海道旧土人保護法」という法律がつい最近まで存在していました。同化と就農化を前提に、一戸当たり最大1万5000坪（約5ヘクタール）の土地の給付、生活保護、小学校の設置などを主な内容としたものです。北海道開拓の犠牲となったアイヌ民族の救済・保護が目的ですが、成果は上がらず、アイヌの人々は貧窮の中に取り残されました。そもそも、「恩恵的に給付される」というその土地は元々アイヌモシリだったのですから、政府のこの対応は侵略者の手前勝手な言い分にすぎません。この法律はさすがに時代の流れには逆えず、1997年にようやく廃止され、代わって同年の「アイヌ文化振興法」（正称「アイヌ文化の振興並びにアイヌの伝統等に関する知識の普及及び啓発に関する法律」）の施行へと至ります。

それから20年を経ましたが、現在のアイヌの人々の状況は良くなったでしょうか。わずかながら公費の拠出もあり、アイヌ語教室が北海道の各地に設けられるようになりました。「滅びゆくものの運命」に抵抗する力強い動きも始まっているので、その点ではアイヌ文化はかならず生き延びます。しかし、アイヌ文化を支える生活そのものへの対策がまったく不十分です。「先住民族の権権にかんする国際連合宣言」（２００７年）には、先住民族の自己決定権が明確にうたわれていますが、アイヌ政策のあり方にかんする有識者懇談会は日本人有識者のみで構成されていて、当事者であるアイヌは一人も入っていません。

日本政府はまず、アイヌに対する謝罪と償いから始めるべきです。それなのに、基本的姿勢は「旧土人保護法」のままで、明治政府の北海道植民地化を正当化しています。オーストラリアの先住民族アボリジニは、かつてイギリス人入植者によって大虐殺されるという悲惨な歴史をもちます。しかし２００８年、時のケビン・ラッド首相は、遅すぎたとは言え、政府として初めて公式にアボリジニに謝罪しました。議会で約１００人のアボリジニが傍聴する中、「Sorry」の語を３回使って謝り、これからは教育や医療、経済面における、アボリジニとその他のオーストラリア国民との格差是正に全力で取り組むと誓ったそうです。一方、日本政府は謝罪どころか、文部科学省による２０

１５年の教科書検定では、「アイヌの土地を奪った」という叙述を「アイヌに土地を与えた」にせよと歴史に逆行する変更すら命じているのです。

アイヌの人権をめぐる懸案事項としては、明治以降、旧帝国大学の研究者たちがアイヌ民族の骨格研究のために収集した遺骨と副葬品のアイヌへの返還という問題があります。２０１７年の文部科学省の調査では、現在も国内の12大学に１６７６体あるとのこと、圧倒的に多いのは北海道大学です。すでに返還された分もありますが、多くは大学に残されていて、アイヌの人々にとって納得のいく解決が付くのはこれからの問題です。オーストラリア、英米、ドイツなど、海外にも保管されている遺骨がたくさんあります。２０１７年8月、ドイツから遺骨1体が１３８年ぶりに還り、北海道大学にある「アイヌ納骨堂」に収められて供養の儀式が執り行われたそうですが、ドイツにはまだ16体の遺骨が残っています。また、オーストラリアの3体は、日豪政府の交渉で返還に向けて動いています。

いずれにせよ、これからのアイヌ民族の再生に向けて、過去の受難の歴史をきちんと見直し、適切な処置を取ることが望まれます。

6

アイヌの「送り」という儀礼には私たちが忘れた知恵が隠されている

「経済成長」幻想の誤りについて聞くのはもう飽きたかもしれませんが、根本的な問題は、成長によってゴミがどんどん増えていくのに、そのことに近代人が無関心でいることです。最大のゴミは、言うまでもなく原発による放射性廃棄物です。これはもう取り返しのつかない地球汚染です。

そもそも、経済系は、生態系から資源・エネルギーを採取し、最終的には生態系へそのゴミを排出するわけですから、できる限りゴミを増やさぬよう努力すべきなのに、「経済成長」はその逆です。

学問的に理解しようとするとなかなか難しいのですが、日常生活の常識で考えて、素直に合点できる根本的な原理があります。熱力学第二法則と呼ばれ、エントロピーということばで表現されているものがそれです。エントロピーとは、熱が移動して、元に戻らない現象の度合いを数値化したものだそうですが、私たちの感覚でわかるのは、ものを作ってゴミが出るのは必然的な現象で、その方向は逆向きには決して変わらない、つまり、作り続け、ゴミが増え続ければ、決して元には戻らないということです。いつかは地球上の空間がゴミであふれ、処置のしようがなくなるときが来ます。科学を発達させ、生活を豊かにした近代人は、己の賢さに慢心して、それが浅知恵であることに気づかなかった。エントロピーの増大を無視してきたからです。

そして、アイヌ文化こそ、こうした浅知恵の対極にあるのです。先に紹介したように、アイヌの精神世界では、すべてのものに魂が宿ります。自分の手で作ったものも同じです。文化人類学者の佐々木利和によれば、「やむなく棄てる場合は、役に立ってくれたお礼をていねいに述べて、丁重な儀礼をもってかれらの霊魂が帰るべき世界へ送り返すのである」（佐々木『アイヌ文化誌ノート』吉川弘文館　2001年）。これが、「送り」という儀礼です。イオマンテ（クマ送り）が有名ですが、これはクマの魂を神の世界にお返し申し上げる儀礼であって、クマを殺すのでも、生け贄にするのでもありません。当然ながら、獲物を粗略に扱ったり、食べ物を粗末にしたり、川や湖を汚したりすることは許されません。人間がそのような悪行を働き、罰せられるという物語はそれこそアイヌ民話にはたくさん出てきます。アイヌの文化から見れば、謙虚さを失った私たち近代人の生き方はまさに「亡びゆくもの」ではないでしょうか。かつてアイヌの人々はシャモ（和人）から「文化なき民」と蔑まれていたそうですが、現在の私たちこそ、「文化なき民」と呼ばれるに価すると佐々木は言います。私も心からそう思います。

7 アイヌとシャモ（和人）との共生を試みた人たちがいた

作家・池澤夏樹の母方の曾祖父たちは、明治の初めに淡路島から北海道に入植した開拓者で、池澤は幼い頃から、一族の開拓時代の物語を聞いて育ち、いつかそのことを小説にしようと心に決めていたそうです。彼が『朝日新聞』に連載した長編小説『静かな大地』（朝日新聞社　２００３年）は祖先の事実を基にして、アイヌと和人の共生の夢と、その挫折を描いた壮大な物語です。

淡路島から北海道の静内に入植した主人公宗形三郎は、狩猟の民であり馬にも詳しいアイヌの親友オシアンクルとともに、静内近郊で牧場を開きます。しかし、成功するかに見えたその試みは、妨げる力がさまざまに働き、悲劇的な結末を迎えざるを得ません。主人公の伝記という設定で展開する姪（由良）による叙述は、悲しい静けさに満ちています。作者、池澤が語ろうとした悲劇は、何を伝えようとしたのでしょうか。近代が押しつぶした、ありうべきもう一つの世界を文字に残すことで、失われたものがいつかよみがえると信じたのだと思います。

主人公の夢に、熊の神が現れて語る場面があります。

「今、和人は奢っているが、それが世の末まで続くわけではない。大地を刻んで利を漁る所業がこのまま栄え続けるわけではない。与えられる以上を貪ってはいけないのだ。いつか、ずっと遠い先にだが、和人がアイヌの知恵を求める時が来るだろう。神と人と大地の調和の意味を覚る日が来るだろう。それまでの間、アイヌは己の知恵を保たねばならない。

アイヌは言葉の民だ。天の恵み、地の恵みを讃える思いを言葉に託して、カムイユカラ［叙事詩］とウウェペケレ［口承民話］に載せて、営々と伝えてきた。アイヌが日々用いる言葉はそのまま食うもの着るもの住むところを言祝ぐ祈りだった。これからもそれを伝えてゆけば、やがてアイヌモシリにまた日が昇る時が来る。

時の流れのはるか先の方に、アイヌと知恵ある和人が手を取り合って踊る姿がわしには見える。天から降ったものを争うことなく分ける様が見える」（同右、515頁）。

この熊の神のお告げは、読者の胸の奥底に届きます。和人はこのまま空しい行いを続ける限り、かならず滅びに向かいます。日本人は琉球文化とアイヌ文化、すなわち南と北の両文化を滅ぼそうとしましたが、今や自分の力だけでは生き残れません。その衰えかけた力は、異なる豊かな文化の力の助けを得て、初めてよみがえるのではないでしょうか。私たちが取り戻さなければならないのは、自然に対する謙虚な心にほかなりません。

国防か生活防衛か

第9章

幻の大国願望と小国主義

1 人口減少社会

これまでの章で、明治維新以降の日本の指導者による国造りの方向が、現在の社会のさまざまな矛盾につながってきた有様を見てきました。その結果の一つとして、今や自然の流れとなって、もう人為的には容易に止めがたい現象があります。それは人口減少です。

厚生労働省に国立社会保障・人口問題研究所という機関があり、５年ごとに日本の人口推計を発表しています。２０１７年の発表によれば、同年の国勢調査時の総人口１億２７０９万が、50年後の２０６５年には８８０８万に、１００年後の２１１５年には３７８７万にまで減少するとの推計です。私たちの子孫にとって、この極端な人口減少は由々しき事態です。加速度的な人口減少は、国として、制度（ソフト）面においても施設面（ハード）面においても著しい変化をもたらし、人々の人生設計に多大な影響を与えてしまうからです（もっとも、より長期的には、国民国家の維持よりも、地域連合的な世界の方が地球社会にとっては理想的ではありますが）。

単なる推計にすぎない、対策を十分取ればふたたび人口増に転じると思われるかもしれませんが、事態はそう簡単ではなく、もう取り返しのつかない段階にまで来ているのです。つまり、１００年後の予測に向かってどんどん突き進んでいる。ところが、現状を見る限り、真剣にこの問題に取り組む姿勢は、日本の指導層には見られません。次の世代には不幸なことです。かれらは多数の先行世代を支えなければならない立場になるのですから。

日本の出生率の低下は、実は１９７４年、今から40年以上も前から始まっていました。人口が増えも減りもしない出生率（合計特殊出生率）の水準は２・07ですが、下がり続けてきた日本の出生率は２０１６年で１・44です。これほど長期間、低出生率が続くと、若い世代ほど人口が少なくなり、親となって子どもを産む人口がどんどん減り続けるという悪循環に入り込みます。そうなると、ある時点で出生率がいくらか上がったとしても、子どもを産む女性の総数は減っているわけですから、全体として子どもの総数も減り続けることになります。

こうした事態に立ち至るまで、政府が無策だったわけではありません。１９８９年頃から、「少子化対策」なるものが打ち出されました。しかし、まったく中身が乏しいというか、逆に少子化をさらに促進する、掛け声だけに終わりました。何がいけなかったかと言えば、社会保障予算の削減によって、必要な対策にお金を使わなかったことです。最近流行語大賞になった「保育園落ちた日本死ね」の状況は当時から続いているのです。待機児童解消のための財源を惜しんだ結果です。こうした状況の背後には経済界の指導者の無責任な姿勢があります。利潤追求のために低賃金・非正規雇用の労働者を急増させ、その路線に従った政治を行わせて、労働法制の規制緩和を招き寄せたのですから。その結果生じたものの一つが未婚率の急上昇です。50歳まで一度も結婚したことのない人の割合（生涯未婚率）は１９７０年の段階で男女とも１～３％にすぎませんでした。それが２０１５年ではなんと男性23％、女性14％にまで増え、将来はさらに上昇すると予測されています。財界も危機感を抱いているようですが、若者に開けた将来展望を用意しない限り、今大企業のやっていることは、「亡国のシナリオづくり」であると言わざるを得ません。低賃金・長時間労働を強いられて、どうして結婚する気になれるでしょうか。労働力の再生産を無視する経営者は、自分の首を絞めているに等しいと思われます。

ここで、日本とは対極的な例、フランスの場合を見てみましょう。あまりの違いに溜息が出ます。

フランスでも、１９６４年頃から出生率の低下が始まり、94年には１・65に下がりましたが、翌95年からは徐々に上昇傾向に入り、２００３年には１・98まで回復しました。これはＥＵ25か国の中で断然トップです。どうしてこういうことが可能になったのか。子どもをもつことに対する国民の不安や負担をできるだけ減らすよう、フランス政府が徹底して制度改革を行ったからです（フランスの場合、移民の出生率が高いという要素も加わりますが、本質には変わりありません）。

その一部を紹介しましょう。

ｉ　すべての企業は子どもをもつ女性社員に妊娠前後４か月の有給休暇を与える。

ⅱ　二人以上の子どもをもつ親が希望すれば、企業は3年間の育児休暇を保証する。休暇後は休暇前と同じ地位、同じ給料で復帰できる。企業は休暇中の給与は払わないが、国が月額500〜600ユーロを保証する。

ⅲ　国民には手厚くきめ細かく家族手当を支給する（企業、一般社会税、国庫が拠出）。二人以上の子どもをもつ家庭のすべてに、その子どもが20歳になるまで、家族手当を支給する。

ⅳ　国が無料の保育園を完備する。

フランスでは日本と違い、結婚しないカップルによる子ども、婚外子が一般ですが、政府はこれをまったく区別も差別もしません。

フランス政府が少子化対策に立ち向かう覚悟のほどがしのばれます。しかし、いきなり、日本政府にこれを見習えと言うわけにはいきません。そもそも、労働状況に大きな違いがあります。フランスは歴史的に労働者の権利獲得運動が盛んで、1936年の総選挙では人民戦線派（共産党・社会党・急進社会党）の勝利によって、週40時間労働の成果を上げた国です。現在は、男女とも35時間労働ですから、過労死させられるほど長時間働かされる国とは、残念ながらくらべようがありません。日本の現政権は逆に、「働き方改革」と銘打って「残業代ゼロ制度」まで導入しようとしているのですから、まともな少子化対策に期待をかけるのは無理です。

日本のシステムの根本を変えない限り、日本の人口は減り続けるでしょう。ただ、適正な規模まで縮小するのは、本来、大変良いことのはずです。過密でなく、規模に合った条件の中で、みんなが満足できる成熟した社会を作り上げるのは素晴らしいことです。しかし、為政者にはそのつもりはない。それでいて、減り続ける現状を前にしても成長路線だけは維持可能だと思っています。

2 明治維新時には大国願望しかなかったのだろうか？

ところで、人口減少社会という日本の現状は、明治維新以降の国造りの形をくつがえす事態とも言えるものですが、実は、維新当初の日本は最初から大国を目指したわけではありません。日本史家の田中彰によれば、維新の指導者たちは1871（明治4）年から73（明治6）年の約2年間、米欧12か国を歴訪し（岩倉使節団＝特命全権大使・岩倉具視）、その報告書『特命全権大使米欧回覧実記』が記すようにベルギー、オランダ、スイス、デンマークなどの小国にも並み並みならぬ関心を寄せていました（田中『小国主義――日本の近代を読みなおす』岩波新書　1999年）。『回覧実記』全100巻の1割強がこれら小国に当てられています。つまり、将来の国造りの方向として、日本はそのような小国を範とする可能性もあったのです。実際の歴史においては、第7章で取り上げた天

皇制フィクションが成功を収めて、大国への道を目指す「富国強兵」路線を選び、戦争につぐ戦争で国を外に向けて広げていくわけですが、岩倉使節団の視察・調査の段階では大国か小国かで真剣に考えていたことを、私たちは銘記すべきです。

第6章で日露戦争がその後の日本の方向を決定づけたと書きましたが、小国主義の道を捨てて、大国主義に踏み切る転換点になったのは、その前の日清戦争（1894〔明治27〕～95〔明治28〕年）です。勝利した日本は、以後、清国から得た賠償金を軍備拡張に使い、朝鮮半島、中国大陸への侵略を着々と進めていきます。日清戦争を挟んだ前後に首相を務めた山県有朋は、日露戦争後の1906（明治39）年に「帝国国防方針案」を上奏し、「我国防の方針は進んで敵を攻撃し、もしくは敵の根拠を殲滅するの策を採らざるべからず」と宣言するに至ります。

政府の方針は大国主義一辺倒になりましたが、これに対する厳しい批判もまた活発でした。民権論を打ち出した思想家、中江兆民は『平民新聞』に、「日本の国是を『小国をもつて甘んずる事』にあらしめんと欲す。大国を羨むことなかれ、大国の民はいずれも不幸なり。ことに大国ならんとしてなり損ねたイタリアの民の不幸を思へよ。これに反して、小国の民は皆幸福なり、スイスの人民、デンマークの人民等を見ずや」と記しました。また、同時代の内村鑑三はキリスト教の立場から、日露戦争に反対して非戦論を唱え、小国主義を主張し、日本を、東洋と西洋の異質な文化が接触する「境界国」ととらえて、世界に尽くす日本の働きを期待しました。こうした思想は、明治政府の強権的な姿勢に屈することなく、伏流として脈々と続きました。大正時代に入ると、この伏流は、いわゆる大正デモクラシーの一環として「小日本主義」という表現を取ります。

3
植民地拡大は政治的・経済的にマイナス

1895（明治28）年に創刊された『東洋経済新報』という旬刊誌があります（現在も週刊誌として存続しています）。この雑誌は藩閥勢力を打ち破る方策として普通選挙制度の採択を主張し、気概を示しましたが、1919（大正8）年には、主幹、三浦銕太郎がこれを週刊誌に改め、積極的に「小日本主義」を提唱しました。三浦は植民地の拡大が日本にとって何らプラスにならないことを具体的な数字で示しました。彼の路線を継承・発展させたのが、後輩の石橋湛山です。第6章でも取り上げたように、彼は確固たる平和主義の信念の持ち主で、「兵営の代りに学校を建て、軍艦の代りに工場を設くる」ことを重視しました。

1921（大正10）年のワシントン軍縮会議に際して石橋は、「朝鮮台湾樺太も棄てる覚悟をしろ、支那やシベリアに対する干渉は勿論やめろ」と激烈な論陣を張ります。「もし我が国にして支那またはシベリアを我が縄張りとしようとする野心を棄つるならば、満州、台湾、朝鮮、樺太等も入用でないという態度に出ずるならば、戦争は絶対に起こらない、従って我が国が他国から侵されるということも決してない。論者は、これらの土地を我が領土とし、もしくは我が勢力範囲として置くことが、国防上必要だというが、実はこれらの土地をかく［このように］して置き、もしくはかく［このように］せんとすればこそ、国防の必要が起るのである。それらは軍備を必要とする原因であって、軍備の必要から起った結果ではない」（田中秀征『日本リベラルと石橋湛山――いま政治が必要としていること』講談社　2004年からの引用）。

しかも、石橋は第二次大戦後の植民地解放の歴史を予見していました。その識見は見事と言うほかありません。「思うに、いかなる国といえども、新たに異民族または異国民を併合し支配するが如きことは、とうてい出来ない相談なるは勿論、過去において併合したものも、漸次これを開放し、独立または自治を与うるほかないことになるであろう」（同右）。

多くの政治家が1945年の敗戦、アメリカによる占領政策によって臆面もなく戦時中の態度を180度変えたのとは違い、石橋湛山は根っからの平和主義者でしたから、戦後の民主国家日本の誕生は、彼本来の面目を堂々と発揮する機会となったでしょう。彼は新憲法の戦争放棄の規定を痛快極まりないと感じました。ただ、かならずしも新憲法に全面的に賛成したわけではありません。国民の権利が明記されたのは結構だが、国民の義務についての規定がないと批判しました。彼の平和主義を支える「小日本主義」は、内に閉じこもった小国ではなく、世界に向かって開かれ、世界に平和をもたらす小国を理想としていたのです。戦後の保守勢力の中にあって、石橋のような理想主義を奉じる政治家が政党を率いる可能性は低かったと思われますが、思わぬ状況の変化で、1956年12月、彼は自由民主党総裁に選ばれ、総理大臣に就任します。ところが、これから自分の信念を首相として実現しようとした石橋にとってはまことに不本意なことに、また国民にとってはまことに残念なことに、彼は急性肺炎に倒れ、「国民の生活のために」と言って直ちに退陣を決意しました。その潔い退陣を惜しむ国民の声が日本中にあふれたと言います。1957年、後を引き継いだのが、まったく肌合いの違う政治家、戦時内閣の指導者であった岸信介でした。

石橋は日米関係が外交の基軸であることを十分認めながらも、共産主義諸国や発展途上国とも友好関係を築くことが世界共存のために不可欠であると信じていました。敗戦直後の論説にはこう記しています。「今後の日本は世界平和の戦士としてその全力を尽くさねばならず。ここにこそ更生日本の使命はあり、またかくてこそ偉大なる更生日本は建設されるであろう」。また1950年、朝鮮戦争勃発直後の7月の論説には、「人類は世界国家を造るべき段階、これを造らなければ、人類の文明は滅亡に至る。世界国家は連邦共和国の形を取り、今日の諸国家はその下に主権の大部分を委譲して、一種の地方自治体として存立する」と書き、当時としても破天荒な日米中ソの四国平和同盟構想を打ち出しています。さらに56年、訪日したダレス米国務長官と会談した際には、ダレスに対して世界の軍備全廃論を訴え、世界平和を保障する世界政府の創設にアメリカは率先して努めるべきと進言したそうです。もちろん、アメリカがこれを受け入れるわけはありませんでしたが、当時、国民はこういう石橋の理想主義に拍手を送っていました。そういう時代もあったのです。

もし彼が病に倒れず、首相として働き続けていたとしても、おそらくアメリカの強い圧力がかかって、思い通りの政策は行えなかったかもしれません。しかし、彼が続投していたならば、彼に代わって岸信介が首相になり、現在に至る一方的な対米従属路線が敷かれることもなかったでしょう。

岸内閣は１９６０年に日米安保条約の改定に調印しました。これによって日本は、米軍に基地を提供し続け、治外法権を許すほどの便宜を図り、自国の防衛力強化を着実に進める体制を完成させました。ナショナリズムの看板を掲げる保守政権の外交政策としては奇妙と言わざるを得ませんが、こうした対米隷従の背後には、明治以来の大国主義の幻と自己欺瞞が潜んでいたと言えそうです。

4 防衛費拡大と軍産複合体の危険

その体制が行き着いた先であるこの国の現状はどうなっているでしょうか。

２０１７年の防衛関係予算は5兆１２５１億円と、戦後最大となりました。社会福祉関係の予算が削減される中でのこの数字は目立ちます。ここ5年連続して伸びています。その理由として挙げられているのは、「北朝鮮や中国の脅威」です。とくに北朝鮮の核・弾道ミサイルの開発が急展開していることに、政府は危機感を募らせ、次の「中期防衛力整備計画」（２０１９〜23年度）においては「敵基地攻撃能力」の検討を始めたそうです。これまで歴代政府は、「敵基地攻撃」は「専守防衛」の基本政策を逸脱するとして、慎重な態度を崩しませんでした。軍事化への傾斜がここまで強まったかと、驚くほかありません。

防衛省の計画では、海上および地上発射の対ミサイル防衛のために、アメリカとの共同プロジェクトの枠内で新型迎撃ミサイルの開発資金を確保して、新世代の米戦闘機Ｆ－35も購入するとのこと。さらには小規模な米海兵隊のような組織を作るために、アメリカから水陸両用強襲車11両と垂直離着陸輸送機オスプレイ4機も購入予定とのことです。

しかし、軍事ジャーナリスト、田岡俊次によれば、北朝鮮の弾道ミサイルは自走発射機やトレーラーで随時移動でき、発射地を隠せるので、その動きを把握するのは現段階では無理、したがって「敵基地攻撃能力」の強化は何の役にも立たない、「平和ボケタカ派」は戦争を現実的、具体的に考える能力を欠いている、というのが実情です。

第2章で述べたように、２０１４年4月、安倍政権は「武器輸出三原則」を見直し、新たに定めた「防衛装備移転三原則」によって武器輸出を大々的に認める方向に舵を切りました。また、これに合わせて経団連はその翌年、武器輸出を国家戦略として推進すべきであると政府に進言、日本はいつの間にか国を挙げて軍需産業大国への道を歩みはじめているのです。あたかも、他の産業部門がさしたる成果を挙げていない今、残る成長部門はもはや軍需のみとでも考えているかのようです。

ストックホルム国際平和研究所の２０１６年の調査によれば、日本の軍事費は４６１億ドルで世界第８位、その上位にいるのはイギリス、フランス、インド、サウジアラビア、ロシア、中国、アメリカです。日本のそれはＧＤＰ比１・０％なので、他の大国の比率にくらべればとくに多いわけではなく、まだ拡大の余地があると考える人がいても不思議ではないでしょう。しかし、日本が憲法で戦力不保持を宣言している国であることを忘れてはいけません。

断然トップなのはアメリカで、６１１０億ドル。今さらながらこの国の体質に驚かされます。オバマ政権時代にはやや減少しましたが、「力による平和」をうたうトランプ政権では国防費５４０億ドル増（２０１８年会計年度予算）を掲げています。このままトランプ政権が続く限り、彼の在任中は大幅増となるでしょう。日本はこういう国の言いなりになって、軍需産業を発展させようとしているのです。

もっとも、トランプは異例の大統領ではありますが、彼の軍事強化路線はアメリカ政府の歴史的伝統を正当に受け継いだものにすぎず、その表れ方が極端なだけです。第二次大戦後に確立したアメリカ政府の歴史伝統とは何かと言えば、軍産複合体体制です。幸い日本にはまだ出現していないのであまり知られていませんが（ただし「防衛装備移転三原則」をめぐる政府と経団連の動きはそのための足がかりと言えます）、その恐るべきシステムについて簡単に紹介しましょう。

出発点は原爆開発のために開かれた町、ロスアラモス（ニューメキシコ州）で進められたマンハッタン計画（世界初の原爆製造プロジェクト（第1章））です。各大学の優れた研究者が参加したこの計画は、広島・長崎への原爆投下によって実用化されます。そして、第二次大戦が終結すると、カリフォルニア大学がこの地に世界最大の原子力研究所、ロスアラモス科学研究所を作ります。今度は対ソ連の兵器近代化競争に打ち勝つためです。アメリカ政府は膨大な補助金を大学の研究室に注ぎ込み、優秀な頭脳を結集して新しい武器の開発に力を注ぎました。研究成果は、私たちにもおなじみの化学メーカー「ダウケミカル社」「デュポン社」、航空機メーカー「ロッキード社」「ダグラス社」といった大資本に利用されました。軍需産業はこうして大発展していきます。大学研究室と産業と軍ががっちり手を結び、冷戦という格好の機会をとらえて、巨大な軍産複合体が形成されていくのです（正確には「学」が加わった軍産学複合体です）。

アメリカ政府は1947年成立の「国家安全保障法」に基づいて、陸海空3軍と統合参謀本部を統合した「国防総省」（ペンタゴン）、および「中央情報局」（CIA）を設置します。このペンタゴンとCIAの誕生によって、軍産複合体は一つの中央集権的組織となって、国全体を支配下に置いたわけです。

アメリカの第34代大統領、アイゼンハワーは、「軍産複合体」（ＭＩＣ＝Military-industrial complex）ということばを最初に使った人ですが、そこに内在する危険性を憂慮して、１９６１年1月17日の退任演説では次のように言い切っています。「軍産複合体が、不当な影響力を獲得し、それを行使することに対して、政府も議会も特に用心をしなければならぬ。この不当な力が発生する危険性は、現在、存在するし、今後も存在し続けるだろう。この軍産複合体が我々の自由と民主的政治過程を破壊するようなことを許してはならない」。

この演説の３日後に、ジョン・Ｆ・ケネディが大統領に就任します。ケネディの対キューバ政策や対ソ連政策は、自国の強大な軍事力を背景にしつつも、共産圏との積極的外交を推し進めた点では軍産複合体の利益を否定するものでした。ケネディ暗殺の首謀者が誰かはいまだに不明ですが、軍産複合体との何らかの関連を想像しないわけにはいかないでしょう。

話をトランプに戻せば、彼の軍事強化路線にはこうしたアメリカの歴史的背景があるのです。今日、他の軍事大国も軍産の連携を強めています。なかでも、近年著しい軍拡を進めているのが中国で、２０１６年のこの国の軍事費は２１５０億ドル、２００７年比で１１８％増、実に2倍以上の伸び率となっています。しかも、習近平国家主席の音頭取りで、非軍需産業の技術力を軍事部門に統合する中国版「軍産複合体」の確立も進めているそうです。とくに人工知能（ＡＩ）とドローン技術の軍事転用を急いでいると言われます。

アメリカにとって、中国の軍事的脅威は今後ますます高まるでしょう。しかしだからと言って、アメリカの尻にくっついている日本が、先島諸島にミサイル基地を作っても良いことにはなりません。軍事大国が戦争経済に向かってまっしぐらに進もうとする今こそ、世界を破滅から救う国、平和政策を進める国が必要です。

すでに述べた「核兵器禁止条約」は一つの大きな転機です。日本政府は恥ずかしくも、これを否定していますが、こんな政府こそ否定されなければなりません。平和憲法をもつ国としてこの条約に参加し、軍拡の流れを押しとどめようと努める、そういう政府を作るのが国民の責任ではないでしょうか。日本に原爆が落とされたという事実は、世界史のうえで計り知れないほど大きな意味をもちます。私たちはこの事実を世界に向けて発信し、新たな歴史を作る役目を負わされているのです。

5 国を守るのと国民を食べさせるのと、どちらを先に考えるべきか？

ここで視点を変えて、食の問題を考えてみましょう。

日本は世界最大の食糧輸入国であり、２００８年の財務省貿易統計によると、その輸入額は約５兆６０００億円で世界全体の10％を占めています。これはちょっと気になる事実です。念のために、カロリーベースの各国の食糧自給率（２０１１年）をくらべてみると、カナダ２５８％、オーストラリア２０５％、フランス１２９％、アメリカ１２７％、ドイツ92％、イギリス72％、イタリア61％に対して、日本は39％とたしかに際立って低い。

これについては、大きく分けて二つの意見があるようです。もし戦争や災害などが起きても食糧供給が途絶えることのないよう、自給率を上げておかなければならない。いや、自給率を重視しすぎて自国の農業を保護するのは国民のためにならない、輸入でいくらでも安く手に入るものをわざわざ補助金まで出して国内で生産するというのは経済的にナンセンスである。どちらも理屈は通りそうです。しかし、いずれにせよ、中長期的には地球規模の人口増加（主に途上国におけるそれ）によって世界の食糧需給が逼迫するという懸念が高まっていることは確かです。

客観的事実として、日本政府の農業政策は欧米にくらべ、生産者を支える面ではまったく不十分です。農業所得に占める政府からの直接支払いの割合は、フランスが80％、スイスの山岳部が１００％、アメリカの穀物農家が50％前後です（フランスの場合は環境保全での補助金も付きます）。これに対して日本の農家は16％前後（稲作は20％強）となっています。生産過剰が続いているコメについては、２０１８年には直接支払い交付金が撤廃されるとのことです。これでは農家はやっていけません。

主に農業で生計を立てる農業従事者のうち、約47％が70歳を超えているという事態をどうするのか。政府の方針は明らかです。家族農業を切り捨て、農業生産の主体を法人・企業に移すことです。２０１６年度の『農業白書』によると、この10年で総農家数は24％減って約２１６万戸、主に農業で生計を立てる基幹的農業従事者数は22％減って約１７５万人となったのに対して、法人経営体は２・２倍増です。企業は儲かる土地に集中するでしょうから、耕作放棄地はますます増え、日本の国土の荒廃は目に見えています。一般には、利益が出なければ撤退するのが当たり前とされていますが、農業も企業化すればそうなります。しかし、食糧を生産する農業は、たとえ儲からなくても国家として維持しなければならないものです。また、農業には生産面だけでなく、国土や自然環境の保全など多面的な役割もあります。できるだけ多くの農家が営農を維持することが不可欠です。

すでに行き詰っている社会を立て直すには、小国主義に方向転換するしかありません。この立場からすれば、安倍政権と財界（経団連）による「武器輸出」政策は、言語道断の根本的な誤りです。軍需産業を育成する予算があるのなら、人口減少対策と食糧自給対策にこそ使うべきです。米中ロの大国支配下でそんなことなどできるはずがないと思うのは、既成の秩序意識にとらわれているからです。いずれ既成のシステムが成り立たなくなるときがかならず来ます。私たちはそれまで雌伏して自ら新しい秩序への準備を重ねるようにしたい。

6 近代が生んだ既成システムを突破して、小国主義を貫けるだろうか？

北朝鮮の核・弾道ミサイルの実験をめぐって、アメリカと北朝鮮が威嚇合戦を続けています。中国とロシアはアメリカの北朝鮮制裁要請に戦略的対応を取り続けながら、自らの覇権外交を着々と押し進めています。この緊迫した情勢の中で、小国主義を考えるのは悠長すぎると思われるかもしれません。しかし、こういうときにこそ逆に、中長期的視野に立って、じっくり考えることが大事です。

経済学者の水野和夫は、『資本主義の終焉と歴史の危機』（集英新書　2014年）の中で、ゼロ金利が続くグローバル金融の分析を下に資本主義の終焉を論じました。その水野が、今度は『閉じてゆく帝国と逆説の21世紀経済』（集英新書　2017年）において、近代のシステムそれ自体がその役割を終えたと実に明快に論じています。これまでにも「経済成長」がもはや神話になったと主張する論者は少なくなく、私もその一人として本書の議論を進めてきましたが、水野はさらに一歩踏み込んで、近代システム崩壊以後の未来に焦点を当て、人類が生き残る道を大胆に示しました。それは、近代の歴史を動かしてきた国民国家が役割を終えたあとの、「閉じた帝国」と「地方分権政治」という二層システムからなる未来像です。つまり、こうです。資本主義は世界が無限であることを前提に発展しました。しかし、資本主義が限界に達し、世界が有限であることに気づいた人間は、もう外部にフロンティアを求めず、内部に向かうことを選択していきます。やがて世界は経済の定常状態（長期にわたり安定を保つ状態）を目指す大集団となって地域帝国と地方政府を形成する。世界を席巻したグローバリゼーションは機能し得なくなり、基本的には自給自足の経済が中心になる。そういう未来像です。

もちろん、そこに至る過程は一筋縄では行かず、行きつ戻りつで、長い時間を必要とするでしょう。しかし、はっきりしているのは、もし今後の世界をこれまで通りの流れに委ねれば、食糧や水、他の資源・エネルギーをめぐって、かならず世界戦争の危機を招き、21世紀は人類の愚かしさが頂点に達する自滅の時代になるということです。水野が提示したものは、そうならないための一つの未来像です。私たちを絶望に陥らせないための未来像、私たちにかすかな希望を抱かせてくれる未来像です。もちろん、これが唯一の未来像ではありません。ほかにもいろいろな未来像が描かれるよう、私たち自身も知恵をしぼりましょう。

そこで、私たち日本の未来はどうなるかです。日本は軍事と政治面だけでなく、経済面でもアメリカの干渉を受けて、バブルが崩壊したあと超低金利を続けて現在に至っています。対照的に、ドイツはアメリカに逆らって、アメリカ帝国システムから抜け出す選択をしました。現在、EUはイギリスの離脱をはじめ多くの問題を抱えていますが、水野は、ドイツがリードするEUはいずれ帝国としてまとまる過程にあると見ています。一方、日本はどうか。アメリカの支配下で超低金利国となった一見マイナスに見える日本の現状は、ゼロ金利・ゼロ成長の定常状態に向かっており、それゆえ逆に、旧システムを脱する最先端に位置していると彼は言います。現実には、アメリカ従属から脱するのは容易なことではなく、遠い先、あるいはもっと早く数十年後かもしれませんが。

もし日本が自らの意志で歩めるようになったら、当然、ASEANとのつながりを深め、ともに平和を守る活動に向かうことになります。その場合の障害は、今度はアメリカでなく、軍事大国・中国です。先にも述べたように、中国はすでに帝国への道を着々と歩んでいます。アジアインフラ投資銀行（AIIB）を設立し、「一帯一路」の経済圏構想で市場の拡大を図ろうとしています。しかし、相対的には過剰な生産能力を抱えており、それを吸収する余地はもう世界には残されていません。水野によれば、近代を始めたばかりの中国は近代が終わろうとする世界経済の中で立ち往生するしかなく、待ち受けているのは長期にわたるデフレと低金利です。その影響は、新興国だけでなく、先進国にも及ぶ深刻な事態を孕むものです。また、中国はチベットとウイグルの少数民族問題を抱えているうえに、膨大な人口を養う食糧をどう賄うのか、不確定要素があまりに多い。私たちは、隣の大国の行方も注意深く見守っていく必要があります。

EU、中国、アメリカ、ロシアという四つの帝国に囲まれた日本にできることは大してありません。できるのは、人口減少社会を受け入れ、食糧の自給率を上げ、人口規模と定常経済を安定させた成熟社会を目指して、来たるべき新時代に備えることです。遠い遠い先のことですが、東南アジアの国々が一つにまとまって地域帝国になる流れに日本も加わることです。間違っても軍需産業を伸ばして、かつての大国願望をよみがえらせてはなりません。それはまさに亡国の道です。

国民国家の役割が終わりつつあるという点について、付け足して言えば、現在解答がないように見える非国家主体、イスラム国（IS）の問題に引き寄せて考えてみることも重要です。かれらは一人のカリフ（預言者ムハンマドの「後継者」の意。つまりイスラム教団の最高指導者）の下に成立する広範なイスラム組織を理想の社会としています。オスマン帝国の時代がそれに当たります。その時代、イスラム支配下の領地ではそれなりの平穏と講和が保たれていました。しかしそのあと西欧が手前勝手に山分けするように領域国民国家を作ったため、不和と対立が生まれたのです。アフリカ諸国の多くも、第二次大戦後、民族のまとまりを無視した西欧の押し付けによってできた国々であって、成立そのものに無理がありました。絶対王政からの解放を願う西欧の人々により18世紀に必要があって生まれた国民国家ですが、今やマイナス面の方が大きくなったと言えるようです。とくに今後、イスラム世界と非イスラム世界が共存していくには、国民国家の枠を超えて働く寛容の精神が不可欠です。日本は他の欧米諸国に先駆けて、その方向に向かうべきです。

非暴力・無抵抗

第10章

兵役拒否国家日本が生き残る道は？

1

非暴力・無抵抗の立場

小国主義でどうやって国を守れるのかと、疑念を抱かれる人も多いでしょう。軍事強国に囲まれたら、こちらも守りを固めるのが当然と思われるかもしれませんが、ここで、それに反対する確固たる信念、極端なというか過激な信念の持ち主を紹介しましょう。作家の山口瞳です。あらかじめ言えば、私は彼の考えを全面的に受け入れます。山口瞳といえば、１９６３年から31年間、エッセイ「男性自身」を『週刊新潮』に連載し続けた作家ですが、共感をこめて庶民の暮らしと生き方を描いて圧倒的人気を誇りました。彼は政治に触れることはまずありませんでしたが、こと国の守りにかんしては、驚くほど明確な主張を述べました。

「私は、日本という国は亡びてしまってもいいと思っている。皆殺しにされてもいいと思っている。かつて、歴史上に、人を傷つけたり殺したりすることが厭で、そのために亡びてしまった国家があったことで充分ではないか」。

「専守防衛という名の軍隊を解散する。日本はマルハダカになる。こうなったとき、どの国が、どうやって攻めてくるか。その結果がどうなるか。どの国が攻めてくるのか私は知らないが、もしこういう国を攻め滅ぼそうとする国が存在するならば、そういう世界は生きるに価しないと考える。私の根本思想の芯の芯なるものはそういうことだ」（山口『男性自身　木槿の花』新潮文庫　1994年）。

非暴力、無抵抗を説く人は珍しくないにしても、ここまで言い切る人はいないでしょう。山口がこのような考えに至ったのは、戦後に読んで最も感動した大岡昇平の小説『俘虜記』（1948年発表）の影響が大きかったようです。この小説は、フィリピン戦線ではるかに武力にまさる米軍と戦う日本軍兵士が、まったく無警戒な若い米兵を、簡単に撃てる状況にありながら撃たない決断をするという、大岡自身の実体験に基づいた作品です。山口が感銘を受けたのは、たとえ味方に対する裏切り行為になっても、撃たない決断を下した主人公の心理であり、「多分、私は、大岡さんと同じ状況に置かれたならば敵を撃たないだろうと思った。そこから進んで、私は、撃たれる側に立とうと思うようになった」と彼は述べ、これは不戦の誓いというような勇ましいものではなく、卑怯者の弁である、と自認しています（嵐山光三郎編『山口瞳「男性自身」傑作選　熟年篇』新潮文庫　2003年）。

インド独立の父と言われるマハトマ・ガンディー（1869～1948年）の場合は、非暴力で独立運動を導きましたが、無抵抗の立場ではありませんでした。彼は最後に狂信的ヒンドゥー教徒の凶弾によって倒れますが、それ以前、暴漢に襲われたとき、そばにいたガンディーの息子が相手を殴って重傷を負わせたことがあります。「私のしたことはあれで良かったのでしょうか」という息子の問いに、ガンディーは、「もしお前があそこで黙って見ていたら、お前はただの卑怯者だ」と答えたそうです。ガンディーの立場は「自分が殺されることは甘んじて受ける」というもので、実際彼はそのようにして殺されました。しかしそれは、「人が殺されるのを黙って見ていろ」ということではありませんでした。非暴力運動にたずさわる人の多くがそう考えるのではないでしょうか。

このガンディーのエピソードを紹介した鶴見俊輔の体験についても少し触れておきましょう。彼は小学校時代から不良少年となり、中学に行っても落ち着かず、親が最後の手段としてアメリカに追いやりましたが、そこで苦労しながらハーバード大学の哲学科を卒業したところで日米開戦が始まったため、交換船で帰国し、海軍軍属としてインドネシアのジャカルタに派遣されます。派遣先で彼は、同僚が捕虜の処刑を命じられて実行する場面に遭遇します。自分もやはり人を殺せという逃げ場のない立場に追いやられるかもしれない。もしそうなったら、どうするか。これが戦中も戦後も一貫して彼が抱えていた問題です。ジャカルタで彼は、ひそかに軍医から青酸カリを分けてもらい、人を殺す立場に立たされたときにはそれを飲む用意をしていたそうです。戦後長いこと『思想の科学』の編集メンバーの中心となり、あるいは「ベトナムに平和を！市民連合」（ベ平連）の設立者の一人として米兵の国外脱走を助けるなど実に多種多彩な活躍をするのは、戦時中の体験がそうさせたのでしょう。彼は何度も鬱病になり、入院もしています。最晩年に、あれは心的外傷後ストレス障害（PTSD）だったかもしれないと述懐しています。それくらい辛い体験をし、そこから逃げずに生きた人です。どんな状況下にあっても人を殺さずに済むにはどうすればよいか。そういう問いがつねに彼の頭にはありました。既成の思想、考え方にとらわれず、各人がそれぞれの状況の中で、自ら揺れながら自らの生を選ぶ生き方を、彼は尊重しました。ときに寛容すぎると批判されることもありましたが、94年にわたる彼の人生は、見事な軌跡を描いています。

2 兵役を拒否する

日本では明治初期に徴兵令[*]が敷かれ、庶民はそれを「血税」と呼んで抵抗しました。しかし、反

＊　1873（明治6）年、国民皆兵制度を敷くために明治政府が公布したもの。89（明治22）年には、戸主の徴兵猶予などを廃止する改正徴兵令を公布し、国民皆兵主義を実現した。

面、貧しい農民は白いコメを腹一杯食べられ、ベッドの上で寝られることに満足したとも言われます。いずれにしても、徴兵令が定着すると、徴兵を拒むことはまず考えられませんでした。それは、罰せられることへの恐れよりも、村八分にされ、生きていけないという日本独特の同調社会ゆえのことでした。きわめて稀な例外はありました。その一つが、キリスト教系の「エホバの証人」（ものみの塔）の信者、明石順三とその家族、仲間たちの場合です（稲垣真美『兵役を拒否した日本人——灯台社の戦時下抵抗』岩波新書 1972年）。かれら「灯台社」（ニューヨークの「ものみの塔聖書小冊子協会」の日本支部。明石はその支部長）の反戦活動は宮城遥拝や御真影奉拝など天皇の神的権威を認めず、兵役を拒むなどして、1939（昭和14）年に一斉検挙に遭いました。これにより明石は43（昭和18）年、反戦・国体変革・不敬罪に問われ、懲役10年の判決を言い渡されます（敗戦後、政治犯の一斉釈放とともに釈放）。かれらの活動は聖書の「人を殺すなかれ」という思想に基づき、戦争を聖書の言う殺人罪として認めなかったので、官憲に恐れられました。戦時中、ほとんどすべてのキリスト教会が軍部に協力したことを思うと、その強い信念に感嘆させられます。

一方、徴兵に応じて入隊しても、人殺す命令には従わなかった人が稀にいました。第二次大戦も末期になると、日本軍はもうことごとく劣化し、かなりの中年者まで徴兵するほどで、新人訓練をする余裕すらありませんでした。ある老兵の新人は上官から、スパイの中国人捕虜を銃剣で刺殺することを訓練に代える、と言われました。戦争は人間を鬼に変えます。日本軍のこういう例はよくあったそうです。彼は一晩眠らずに考えたすえ、訓練現場には行くが殺さないと決心します。翌日、銃剣をもったまま動かない彼は中隊長にぶん殴られ、「お前は犬にも劣る奴だ」と言われて四つん這いにさせられます。そして口に靴を加えさせられ、中庭をぐるぐる回らされたそうです。その中隊にはもう一人、命令を拒否して同じことをやらされた僧侶出身の兵士がいたとのこと。勇気のある日本人がいたと驚嘆します（高橋幸子ほか『鶴見俊輔さんの仕事②兵士の人権を守る活動』編集グループSURE 2017年）。

日本と異なり、欧米では主に宗教的理由による「良心的兵役拒否」の伝統がかなり前からあります。もっとも、あるとは言っても社会的にはありとあらゆる差別・抑圧・迫害の対象とされてきました。第二次大戦時には、後方部隊への異動を願い出て却下され、脱走を図った米兵が、銃殺刑に処された例もあります。しかし、ここ数十年で状況は変わりました。現在、国連や欧州評議会*のような国際機関では良心的兵役拒否を基本的人権として認め、推奨しています。その理論的支柱は、基本的人権の一つとされる「良心の自由」です。

欧米などでは一般に、良心的兵役拒否者は代替条件として市民的労役を命じられます。労役は

＊　人権、民主主義、法の支配の分野で国際社会の基準策定を主導する汎欧州の国際機関。1949年、フランスのストラスブールに設立。

「社会貢献」として解釈されています。面白いのはドイツの場合です。ドイツでは兵役拒否者の数が次第に増えて、兵役に就く者の数を上まわりました。その割合が8割に達した結果、２０１１年に徴兵制度を廃止しましたが、そのあと問題になったのは、兵役拒否者による市民的労役がなくなった分、今後、老人介護など社会福祉事業に携わる人材をどのようにして確保するか、ということだったそうです。

良心的兵役拒否の別の表現としては、従軍しても銃をもたず、衛生兵となる場合があります。２０１６年のアメリカ映画『ハクソー・リッジ』は、沖縄戦で良心的兵役拒否者となった米軍衛生兵を主人公にしたものですが、評論家の佐高信は、実話を基に描かれたこの「良心的兵役拒否」の考え方そのものに強烈な違和感を覚えたと言います（『週刊金曜日』２０１７年　８・18号）。彼はもともと良心的兵役拒否には批判的です。理由は、良心的兵役拒否の前提は戦争を「善」として認めていて、それを個人が「良心的に」拒否するという形式を取るからです。人が自然に抱く「単なる本能的恐怖あるいは嫌悪」から来る「非良心的兵役拒否」ではどうしていけないのかと問います。これは一考に価する問いです。実際、厳しい日本の戦時下でも、「非良心的兵役拒否者」は少数ながら存在しました。丸谷才一の『笹まくら』（河出書房新社　１９６６年）という小説は、主人公が徴兵忌避で逃げ回り、５年間逃げ切って敗戦を迎えるという設定になっています。

俳優、三国連太郎は兵役から逃げている途中、母親に手紙を出したら、母親に密告されて捕まったという、聞くに忍びない経験のもち主ですが、ドイツで兵役でなく市民的労役を選ぶ人間が8割になり、徴兵制度を廃止せざるを得なくなったように、「非良心的兵役拒否者」が圧倒的に増えて大多数を占めるようになれば、間違いなく戦争そのものが成り立たなくなるはずです。実際、日本においても、南スーダン「駆け付け警護」のようなケース（第3章）が続けば、自衛隊への応募者は現実の戦争への加担をためらって減り続ける可能性が十分考えられます。そうなると、安倍政権による強引な「安保法」は権力側が予想もしなかった結果を招き、簡単に廃止されるかもしれない。佐高の問いは現実を動かすこともあるのではないでしょうか。

3 日本はやるべきことをやらずに平和国家になろうとした？

日本国憲法の成立の事情は、第3章で述べた通り、改憲派が主張するようなアメリカの押し付けではなく、日本側の十分な調査研究の結果も取り込んでできたものでした。GHQ、端的にはマッカーサーが新憲法の制定を急がせたことは事実ですが、国民の大半がこの憲法を喜んで受け入れたことも事実です。戦争放棄と戦力不保持を明記した9条は世界に誇れる宝物です。残念ながら、そ

の後の歴史の過程で、９条は次第に骨抜きにされ、安保法により集団的自衛権の行使を認めるところまで後退しましたが、何とかまだ踏ん張って、戦争への最後の歯止めとして働いています。安倍首相の新提案、「９条に自衛隊の存在を加える」は、一般にはなかなか受け入れられない。憲法発布時に見せた平和憲法に対する国民の積極的な反応はまだ生きていると思われます。「平和国家」かと言えば、形の上ではだいぶ崩れましたが、日本は基本的に徴兵制のない兵役拒否国家なのです。保守勢力の攻勢が著しい状況の下で、まさに今が正念場です。

ここでちょっと視点を変えて、マッカーサーが提示した新憲法の三原則のうち、最初に挙げたのが「憲法に従う天皇世襲」であったことを思い返しましょう（第３章）。彼は、日本における天皇の存在の重さを十分認識していました。アメリカはわずかな軍隊で日本の占領政策に着手しましたが、天皇の存続は20箇師団（20万人）の軍隊に価するから、それで十分と考えたのです。日本の占領管理については、連合国の最高政策決定機関である極東委員会が設置されていました。そこでは天皇の戦争責任を問う声も大きかったのですが、マッカーサーはＧＨＱの上に立つこの極東委員会の声を押し切って、天皇存続を決め、憲法１条に、象徴としてのその存在と地位を明記しました。

問題は、それに対する日本側の受け止め方です。マッカーサーは、天皇の戦争責任を棚上げしただけでなく、この戦争は軍部と一部の政治家・財界人がやったことにして処理しました。日本の左翼および知識人はこれに乗ったと鶴見俊輔は言います（前掲、高橋ほか『鶴見俊輔さんの仕事②』）。つまり、かれらも、戦争責任という重大な問題をとことん追及することなく、棚上げにしてきたということです。日本（人）は、アメリカの都合による免罪を良いことにして、以後、自らの責任と正面から向き合うことも、被害者にきちんと謝罪することも怠ってきた。全体の空気に流されたとは言え、戦争当時の日本国民はあの戦争を熱烈に支持していました。しかも、その戦争を止めたのは日本国民の意志ではありませんでした。東京裁判に際しても、自分たちの行為を他者の裁きに委ねて済ましてしまいました。「自ら進んで人を殺した。悪いことをした」と、まず事実を正直に認めることから始めるべきところを、そうしなかった。日本が仕掛けた戦争によるアジアの犠牲者は中国の1000万人以上を含めて総数2000万人を超えます。その罪を認め、謝罪し、償うところから日本は戦後を始めるべきでした。そのやるべきことをやらずに、日本は憲法9条を掲げ、兵役拒否国家、平和国家となろうとしたのです。いつの間にか、日本では、あの戦争は正しかったと主張する人たちが勢力を増し、今や9条改正を現実化しようとする動きにまでなっています。私たちは、戦後の出発点において、そもそも間違っていたように思われます。

1970年、ドイツのウィリー・ブラント首相は、ポーランドの首都ワルシャワの「ユダヤ人ゲットー蜂起」記念碑を訪れ、その前で跪き、両手を組み、黙禱しました。ナチス・ドイツが四半世紀前にやったことをドイツの首相として謝罪したのです。政治学者の姜尚中は、日本の首相はパールハーバー（真珠湾）に行くくらいなら、韓国の西大門刑務所（日本植民地時代の監獄・死刑場、今は歴史館）に行くべきだと言います（内田樹・姜『アジア辺境論――これが日本の生きる道』集英社新書2017年）。たしかに、そこで謝罪するのが、人間として、少なくとも日本の最高責任者としてまったく当たり前の行為でしょう。司馬遼太郎は何回謝ってもいいと感じていました。それほど日本は韓国にひどいことをしてきたのです。

2015年12月、日本と韓国の外相が従軍慰安婦問題で、「最終的、不可逆的に」解決されたことに合意しました。この合意には次の一文が盛り込まれています。「安倍内閣総理大臣は、日本国の内閣総理大臣として改めて、慰安婦として数多の苦痛を経験され、心身にわたり癒しがたい傷を負われた全ての方々に対し、心からおわびと反省の気持ちを表明する」。これは、不毛な対立を続ける両国の状況にアメリカが業を煮やして動いた結果の産物でした。謝罪を含むこの合意内容を安倍政権が不本意に受け入れたことは容易に想像できます。本来なら、首相自ら赴いて、犠牲者の方々に謝るべき事柄です。人間としての尊厳、女性の人権を無残に踏みにじっておきながら、「軍の公式関与は確認できない」云々ばかりを言い立てて、日本の右翼・権力側はどうして心から詫びる気持ちになれないのか、私にはまったく理解できない。内心、咎を感じているから、その反動で相手に非を押し付け、居丈高になるのでしょうか。方向を間違ったそういうナショナリズムに何があると言うのでしょうか。嫌韓本を書いたり、喜んで読んだりする人たちは、日本という国をどのようにしたいのでしょうか。アメリカに言いなりの政府、その方針が、そんなに良いと思っているのでしょうか。まさに虎の威を借る狐の姿に見えます。

国内に米軍基地を抱え、基地周辺の住民の人権が侵害されている点では韓国も日本と同じです。ただし、韓国の場合は、北朝鮮との軍事的関係において日本が想像する以上の深刻さが加わります（朝鮮戦争はいまだ休戦状態です）。日韓の複雑な政治状況が今後どうなるかは予測できませんが、将来、日本と韓国は提携して生きることが大切です。文化的にはすでに『冬のソナタ』や『宮廷女官チャングムの誓い』が日本でもてはやされたり、村上春樹の翻訳書が韓国で人気となるなど、深いかかわりができてきています。また歴史的にも、もともと両国は兄弟のように近い関係にあります。政治的にいつまでも対立を続けるのはおかしな話です。2017年、韓国の有権者は民衆の力で朴(パク)槿恵(クネ)政権の腐敗を糾し、文在寅(ムンジェイン)大統領を選びました。韓国の民主化運動の今後が期待されます。日本は島根・竹島という100年以上にわたるデリケートな日韓領有問題で国のプライドにこだわっていますが、そんなときではありません。懸案はお互いそのままにしておくのが一番です。大事なのは、これからどのような協力関係を築いていくかです。

日本と同様、韓国も対米従属の構造の中にあります。しかし、同じ対米従属でも韓国の方がまだアメリカに言うべきことを言っています。こと北朝鮮問題にかんしては当然と言えば当然ですが、いずれにせよ、政財官ぐるみでひたすらアメリカに逆らわないことを念じている日本の様は、どう見ても異常です。軍事属国であるばかりか、政治・経済的にも属国であることに、日本は慣れ切っています。右翼がなぜ騒がないのか不思議です。

4 三権分立が成り立っていない日本

現在の日本は、小国として生きる十分な条件を備えているわけではありません。丸ごとアメリカの属国に甘んじているからでもありますが、近代国家として不可欠な三権分立が機能していないことをその大きな理由です。「とんでもない。立派に制度として確立しているではないか」と、すぐ反論されそうです。たしかに形は整っています。しかし、まさに形だけで、実際には機能していないのに、みな気づいていないか、気づかないふりをしているというのが現実です。

２０１６年５月、安倍首相は「私は立法府の長でありますから」と発言しましたが、これは単なる失言で済まされる問題ではありません。彼のこの発言はたびたび繰り返されているので、実は言い間違いではなく、彼の本音です。内閣総理大臣は行政府（内閣）の長であるにすぎません。ところが彼は、立法府（国会）のみならず司法府（裁判所）でさえ、自分の意のままになると思っているようです。衆議院の３分の２を超える議員は問題を自分の頭で考えず、最終的には事を荒立てずに政府の言うことに賛成すれば良いとしか考えていない。小選挙区制の弊害もありますが、議員の質は恐ろしいまでに劣化している。だから首相が自分を立法府の長と錯覚するのも、無理からぬことかもしれない。しかし、立憲民主主義に対する彼の暴言は、本来、首相の進退にかかわる大問題です。なのに、これを追及するマスコミもほとんどない。

もっと問題なのは、司法権の独立にかかわる現状です。明治初期の日本は、何とか国を近代化して国際的に認められようと必死でした。司法権の独立の模範としては、有名な大津事件があります。1891（明治24）年、滋賀県大津において、来日中のロシア皇太子が警護の巡査に斬られ、軽傷を負いました。この外交上の大失態に、時の内閣は対露関係を慮って、大審院（明治憲法下の最高裁判所）に皇室罪（大逆罪）の適用と死刑判決を促します。しかし、大審院はこの圧力、政府の干渉に屈せず、犯人に無期徒刑（懲役）の判決を下したのです。大審院長、児島惟謙はのちに「護法の神」と称えられました。若い明治は制度の本質を活かそうと真剣だったことがうかがえます。

127年後の現在、司法の実態はどうなっているでしょうか。残念ながら、日本の司法はすっかり日本の体質というか慣習に染まっています。原発再稼働をめぐる裁判などを見ればわかります。大企業や行政の方針にかかわる問題で住民が提訴し、第一審で勝訴したとしても、高裁に行くと、それがひっくり返され、敗訴になるケースがほとんどです。司法内部関係者の話によれば、判事が高裁以上に行きたい（つまり出世したい）と思えば、行政訴訟では政府や自治体に不利となる判決を出してはいけないとのこと。思えば、出発点から遠くに来たものです。しかし、こうしたあり方を軽々しく「日本の慣習」だと言って済ませてはなりません。第6章でも引用した日本政治外交史の専門家、三谷太一郎によれば、明治以前の幕藩体制下では合議制と権力分散のメカニズムがきわめて精密にできていて、初代イギリス大使オルコックが感心したほどです。権力がすべて内閣に集中し、司法権が独立しているように見えないのは、あくまで現在の日本が特殊な状態にある証左なのです。

5　日本の最高裁に介入したアメリカ大使館

事を司法権に絞って言えば、戦後日本の司法の歴史には、やはりアメリカの黒い影が射しています。第4章でも書きましたが、1959年、在日米軍の駐留が憲法違反かどうかを問う砂川事件をめぐる裁判で、時の最高裁長官、田中耕太郎は司法権の独立を自らなげうつ判決を下しました。日米安保条約のような高度な政治的問題については最高裁は憲法判断をしないと決めたのです。

東京地裁による違憲判決をくつがえしたこの最高裁判決は、その後の日本に決定的な影響を与えました。在日米軍には日本の憲法が及ばないという状態、つまり、治外法権状態が事実上法的に認められてしまったからです。驚くべきは、この判決に至る過程がアメリカ大使館を通じてアメリカの指示通りに進行したことです。これは２００８年、アメリカの公文書によって明らかになりました。近代国家間の関係ではとうていあり得ない出来事ですが、１９５２年の対日講和条約の発効で曲がりなりにも独立国となった7年後の日本で、そういうことが起きたのです。つまり、日本はこの時点でもまだ、アメリカに占領された状態にあったのです。そして占領状態は60年後の現在も実質的には変わりません。沖縄が一身に犠牲を背負わされ苦しんでいることは、第4章で詳しく記した通りです。不思議なのは、これほどひどい犠牲を他国に強いる国が存在していること以上に、その犠牲を嬉々として受け入れるのを習性としてしまった国が存在し続けているということです。

ところで、この本ではこれまでアメリカ批判を繰り返し強調してきました。事実をあるがままに伝えれば、そうならざるを得ません。しかし、アメリカは日本が逆立ちしても適わないほど素晴らしい国でもあると付け加えなければ、公平を欠くでしょう。本国のイギリスの権力に逆らい、独立を勝ち取った歴史をもつこの国は、建国以来つねに批判精神に満ちた、権力に対する反対行動を果敢に行ってきた国でもあります。人種差別主義者を擁護したとして批判されたトランプ大統領によるリー将軍像（南北戦争で敗北した南軍の総司令官を顕彰する像）撤去問題は、国を二分する内戦となった南北戦争の余波がいまだに残っていることを証しました。トランプによるこうした行動が、トランプの支持者層と批判者層との分断を一層深刻化させていることは事実です。ただ、私たちが心底羨ましいと思うのは、アメリカでは司法が健全な機能を果たしていることです。イスラム過激派武装集団のテロ対策として、トランプ大統領がイスラム圏7カ国の市民に入国禁止などの大統領令を発布したとき、少なくとも5州の連邦地裁が直ちにこの差別的な大統領令を一部執行停止とし、拘束された移民の強制送還を差し止めたのですから。それとくらべ、日本の司法は、先ほど書いたように、1959年の最高裁判決（「高度な政治的問題」について判断を控えた先例）がその後の司法判決に影響を及ぼし、行政寄りの立場に立つことが一般的になっているというのが現状です。日米のこの違いは、日本がおかしく、アメリカの方がまっとうであるとしか言いようがありません。この点については、どんなに強調してもしすぎることはないでしょう。

不正追及にかんする国家機能のレベル、国民の問題意識の高さもアメリカの特質です。1974年、民主党本部の盗聴侵入事件に始まるウォーターゲート事件（72年）で、共和党のニクソン大統領が辞任に追い込まれたケースはまさにその典型です。現トランプ大統領についても、そのロシア疑惑（娘婿によるロシアとの共謀疑惑）をめぐって特別検察官が捜査を始めていて、結果は予断を許しませんが、アメリカの不正チェック機能が健在であることは間違いありません。日本はもともと「和をもって貴しとなす」体質の国ではありますが、安倍政権になってからは、内閣人事局が各省庁の人事権を独占する仕組みとなり、首相の言いなりになって国会では真っ赤な嘘を平気でつく人間が国税庁長官に栄転する、そんな事態を誰も止められない恥ずかしい国になりました。

日米のこのような違いをしっかり踏まえたうえで私たちの現状を考えると、単に恥ずかしいと言って済ますわけにはいきません。占領状態とも言える日本で横暴に振る舞うアメリカ、そしてそのアメリカに文句も言わずにただ従うだけの日本、これをどうすれば良いのか。何としても、この状態から脱却しなければと思います。長年にわたりガッチリと固められてきた日米の構造を、そう簡単に変えることは難しいでしょう。兵役拒否小国でありたいと願う私たちは、せめて今とは違う方向を、今のうちから明確に見定めておきたい。

アメリカは第二次大戦で覇権を握って以来、ずっと「世界の警察官」を自任してきましたが、いずれは経済的にそんな余裕はなくなります。トランプが「アメリカ・ファースト」を盛んに言い出しはじめたこと自体、その兆候です。また重大な事態として、アメリカは、精神を病んだ帰還兵の問題も抱えています。帰還兵の自殺者は毎日20人近くで、その総数はアフガニスタンとイラクにおける戦死者数をすでに上回っており、陸軍はそうした帰還兵へのケアのために膨大な予算をかけているそうです（日本も他人事ではなく、2001年以降のインド洋の補給活動［米軍等の「対テロ戦争」への後方支援］や2003年以降のイラク復興支援に当たった自衛隊員のうち、56名が帰還後に自殺しています）。こうしたアメリカの下で、大国化の野望を捨て切れずにこのまま進むなら、日本はかならず足を踏み外します。

だから、日本には今までとは違う方向性が必要なのです。その方向性をはっきりと見定めるべきときが来ているのです。周辺の国々と手を携えて武力に拠らない協力関係を築くこと、この方向性だけは見失ってはなりません。第9章の最後で触れたように、日本は米中ロの軍事大国に囲まれているだけに、簡単にその理想を実現できるとは思えませんが、かならずできると信じて努力し続けることです。第5章で、琉球の独立、琉球の東南アジアにおける平和センター化を願いましたが、日本はその琉球、つまり独立後の琉球とも力を合わせなければなりません。琉球が独立して日本と国際的な関係を作り上げていく可能性の方が、日本が兵役拒否小国主義の道を歩み出すよりも、早く実現するように思われます。

6
民衆レベルでの「日韓連携」

まずはお隣の国、韓国と仲良くすることです。思想家の内田樹は、彼のわかりやすい社会科学・人文科学の解説が支持を得て、毎年韓国に講演に呼ばれるそうです。ちなみに韓国では1961年以来続いた反共法のために、人々は政治問題を自由に学べる文献から長く遠ざけられていました

（同法は80年に廃止）。講演ではこれからの「日韓連携」の大切さについても説き、「日韓共同体の構築が外交的急務、それが東アジアの安定に資する最良の解です」と話すと、熱い拍手が沸くそうです（前掲、内田・姜『アジア辺境論』）。日本はそもそも大国ではありません。小国なのです。小国は大国に対して、周囲の国々と連携して向かうしかない。韓国も同じです。中国に牽制されている台湾もそうです。米中ロの3大国がにらみ合う中、その狭間にある韓国・日本・台湾・香港・そしてASEAN諸国が提携し、協力し合うことが、小国が大国につぶされない唯一の道であると内田は考えています。まったく同感ですが、そこに琉球も加えてもらいたい。もちろん、政治の枠組みだけでは、これまでの歴史もあるから容易には変えられません。民衆レベルのさまざまな社会・文化的交流が、その土台をしっかりと固めていくことになります。

現代の世界秩序はまるで大国同士の核抑止力によって維持されているかのようです。あたかも近代化の夢は軍事力の拡大という結果に行き着いたかと思えるほどであり、人類は進歩のすえに愚かしい存在になり果てました。16世紀のフランスの賢者、モンテーニュは、宗教戦争の只中を生きて、防御とは攻撃の口実であることを知りすぎるほど知らされました。現代の「抑止力」なるものも、偽りの平和であり、戦争の誘因にほかなりません。

国連は実質的には大国の意に操られてきた国際機関です。しかし、核兵器禁止条約が大国を除く国連加盟国約3分の2の賛成を得て採択されたように、大国以外の国々の力によって状況を変えようることも忘れてはなりません。この条約の審議会議議長を務めたエレン・ホワイトは中米・コスタリカの出身です。この国は人口489万の小国ですが、憲法に非武装を掲げ、警察軍しかもたない、まさに日本がそうあるべきであった国です。

日本の社会は今、この国を支えてきた非戦のシステムが破綻し、暗闇に包まれ、一見どこにも光が見出せない状況に陥っているかに見えます。しかし、日本一国だけを見ずに、世界を広く見渡せば、あちこちにかすかな明かりが射していることに私たちは気づくはずです。今、権力に就いている者には見えない展望が、私たちには見えてくるはずです。このままでは世界は終わりですが、私たちが諦めなければ、かならず今の秩序を根本から変えることができます。

首相をはじめとする政治指導者、官邸に絶対服従の高級官僚、成長戦略一辺倒の財界トップ、現在この三者が描く日本の未来は、次に続く世代を幸せにするでしょうか。きっと若い世代の人たちは、そんな未来は真っ平御免と言うでしょう。なぜなら、今の日本は若者や未来世代を踏み台にして、先行世代が逃げ切りを図る仕組みになっているからです。政治的にも、経済的にも、そして今や軍事的にもです。私たち先行世代がこれを許しては、後世に顔向けできないことになります。

一つ、明るいニュースを知りました。愛知県の新城市は、民間研究機関が発表した「消滅可能性都市」として県内唯一の候補に挙げられました。このままではいけないと、市長は16歳から29歳を対象にして「若者議会」の議員を公募し、1000万円の予算を付けて、若者に政策への参画を呼びかけました。2015年から開始されたこの事業に、その動機はさまざまながら、全国から視察が相次いでいるそうです。すでにヨーロッパでは、多くの自治体が「若者議会」を設け、政策を議論しているそうです。ここまで世の中をおかしくしてきた従来のシステム・政策、そしてそれにしがみ付く国や行政に対して正面から異議申し立てを行う若者の存在こそ、闇を照らす最も明るい光になるものと信じます。沖縄県の翁長知事が言うように、「決して諦めてはいけません」。諦めずに行動し、願い続ければ、遠くの光は少しずつ、こちらに向かって近づいてきます。

参考文献

第1章

木村朗・高橋博子『核の戦後史』創元社、2016
佐藤嘉幸・田口卓臣『脱原発の哲学』人文書院、2016
山本義隆『福島の原発事故をめぐって――いくつか学び考えたこと』みすず書房、2011

第2章

吉田敏浩『「日米合同委員会」の研究――謎の権力構造の正体に迫る』創元社、2016
松竹信幸『対米従属の謎』平凡社新書、2017
猿田佐世『新しい日米外交を切り拓く』集英社クリエイティブ、2016
池内了ほか『武器輸出大国ニッポンでいいのか』あけび書房、2016

第3章

辻村みよ子『比較のなかの改憲論――日本国憲法の位置』岩波新書、2014
前田朗『軍隊のない国家――27の国々と人びと』日本評論社、2008
ジョン・ダワー『敗北を抱きしめて　上・下』三浦陽一ほか訳、岩波書店、2001
矢部宏治『日本はなぜ、「基地」と「原発」を止められないのか』集英社インターナショナル、2014
加藤典洋『戦後入門』ちくま新書、2015
柄谷行人『憲法の無意識』岩波新書、2016

中村哲『天、共に在り――アフガニスタン三十年の闘い』ＮＨＫ出版、２０１３
内藤正典『イスラム戦争――中東崩壊と欧米の敗北』集英社新書、２０１５
伊勢﨑賢治『自衛隊の国際貢献は憲法九条で――国連平和維持軍を統括した男の結論』かもがわ出版、２００８
伊勢﨑賢治『新国防論――９条もアメリカも日本を守れない』毎日新聞出版、２０１５

第４章

大澤真幸編『憲法９条とわれらが日本――未来世代へ手渡す』筑摩書房、２０１６
三上智恵『風かたか――「標的の島」撮影記』大月書店、２０１７
瀬長亀次郎『民族の悲劇――沖縄県民の抵抗』新日本出版社、新装版２０１３
松島泰勝『実現可能な五つの方法　琉球独立宣言』講談社文庫、２０１５
新外交イニシアティブ編『虚像の抑止力』旬報社、２０１４
孫歌『歴史の交差点に立って』日本経済評論社、２００８
松竹伸幸『幻想の抑止力――沖縄に海兵隊はいらない』かもがわ出版、２０１０

第５章

琉球新報社・新垣毅編『沖縄の自己決定権――その歴史的根拠と近未来の展望』高文研、２０１５
松島泰勝『琉球独立への経済学――内的発展と自己決定権による独立』法律文化社、２０１６
松島泰勝『琉球独立論――琉球民族のマニフェスト』バジリコ、２０１４

第６章

三谷太一郎『日本の近代とは何であったか――問題史的考察』岩波新書、2017
久野収・鶴見俊輔『現代日本の思想――その五つの渦』岩波新書、1956
中島岳志『パール判事――東京裁判批判と絶対平和主義』白水社、2007
鶴見俊輔編『新しい風土記へ――鶴見俊輔座談』朝日新書、2010
市井三郎『歴史の進歩とは何か』岩波新書、1971
白井聡『永続敗戦論――戦後日本の核心』太田出版、2013

第7章

フランツ・ファノン『地に呪われたる者』鈴木道彦ほか訳、みすず書房、1996
コンドルセ『人間精神進歩の歴史』前川貞次郎訳、角川文庫、1966
クリスチャン・ラヴァル『経済人間――ネオリベラリズムの根本』菊地昌実訳、新評論、2015
ルソー『社会契約論　ジュネーヴ草稿』中山元訳、光文社古典新訳文庫、2008
トマ・ピケティ『21世紀の資本』山形浩生ほか訳、みすず書房、2014
板垣雄三・後藤明編『イスラームの都市性』日本学術振興会、1993
板垣雄三『イスラーム誤認』岩波書店、2003
内藤正典・中田考『イスラームとの講和――文明の共存をめざして』集英社新書、2016
内藤正典『イスラムの怒り』集英社新書、2009

第8章

笠井潔『8・15と3・11――戦後史の死角』NHK出版、2012

萱野茂『炎の馬——アイヌ民話集』すずさわ書店、1977
花崎皋平『静かな大地——松浦武四郎とアイヌ民族』岩波現代文庫、2008
知里幸惠編訳『アイヌ神謡集』岩波文庫、1978
佐々木利和『アイヌ文化誌ノート』吉川弘文館、2001
池澤夏樹『静かな大地』朝日新聞社、2003

第9章

田中彰『小国主義——日本の近代を読みなおす』岩波新書、1999
田中秀征『日本リベラルと石橋湛山——いま政治が必要としていること』講談社、2004
水野和夫『資本主義の終焉と歴史の危機』集英社新書、2014
水野和夫『閉じてゆく帝国と逆説の21世紀経済』集英社新書、2017

第10章

山口瞳『男性自身　木槿の花』新潮文庫、1994
嵐山光三郎編『山口瞳「男性自身」傑作選　熟年篇』新潮文庫、2003
稲垣真美『兵役を拒否した日本人——灯台社の戦時下抵抗』岩波新書、1972
阿部知二『良心的兵役拒否の思想』岩波新書、1969
高橋幸子ほか『鶴見俊輔さんの仕事②兵士の人権を守る活動』編集グループSURE、2017
丸谷才一『笹まくら』河出書房新社、1966
内田樹・姜尚中『アジア辺境論——これが日本の生きる道』集英社新書、2017

あとがき

今の日本人はぬるま湯につかって良い気になっている蛙です。いつの間にか「ゆで蛙」になりかねない。そうならないためには、遅くならないうちに、自らの選択の愚かさに気づくことです。

第二次大戦を引き起こした張本人、ドイツのヒトラーは、自分の都合の良いように複雑な現実を二つに大別し、自分の選ぶ方を善として、それを、単純なことばで繰り返すことを得意にしていました。それができるのは、平気で厚かましい嘘をつける人間です。

今の日本の首相も同じタイプに属するようです。過去の虚言を追及されることを恐れ、それを回避するために、「国難」という新たな嘘を思いつき、「ぬるま湯」を守るためには自分のように強い人間が必要であると人々に思わせ、見事に成功しました。

２０１７年６月、「改正組織的犯罪処罰法」が成立しました。およそまともな議論が行われない国会で、ただ数の力のみで強引に通した法案です。これは、「共謀罪」法と言った方がわかりやすい。犯罪が実行される前に、「計画段階」と判断された者を罪人とみなせる、危険極まりない法律です。

政府の方針に反対する者を恣意的に処罰できる法律と言えるものです。この法律の目的はテロ対策・テロ防止にあるとされ、安倍首相は２０２０年の東京オリンピックを開くのに必要であると言いました。しかし、法案の審議中、日本政府は国連人権理事会の特別報告者ジョゼフ・ケナタッチ氏から、「表現の自由を不当に制約する恐れがある法律である」と警告されました。反論した政府に対して、ケナタッチ氏は、まったく批判に答えていない反論であり、今後も警戒する姿勢を崩さないと述べています。

ことばに対する感覚というか、その無感覚さの点で日本の首相と共通するのはアメリカのトランプ大統領でしょう。彼の場合、現実を好きなように解釈して、自分の主張することのみを真実であるとする。北朝鮮への「圧力」政策でピッタリ意見が一致、と言うよりはひたすらトランプの言い分に従う日本の首相も、国内における唯我独尊ではひけを取らない。

「まえがき」にも書きましたが、このまま行けばアメリカは戦争への道を歩み、そのまま従う日本はかならず戦争に巻き込まれます。

日本の20代、30代の若者の大半が自民党支持とのことですが、その自民党が今やろうとしているのは、若者を戦地へと駆り出す恐れのある政策を実行に移すことです。自民党の指導者だけでなく、現在の政財界の指導者は誰一人、戦争体験をもっていない。そういう人たちが、そういう恐ろしいことをやろうとしている。その無責任さに気づかなければなりません。

政権寄りの報道で批判されることの多いＮＨＫですが、実に素晴らしい記録番組も制作していま す。そのこともぜひ知っていただきたい。パソコン、あるいはスマホで『ＮＨＫ　戦争証言アーカイブス　兵士たちの戦争』（２０１０～14年制作）を検索してみてください。すぐに見られます。

アジア・太平洋戦争に駆り出され、生き残った若い兵士たちが、沈黙の戦後を生き抜いて、死期が近づいて初めて証言した生々しい戦場の記録です。その全48巻を通じて、戦争というものの現実が、各戦線の状況とともにつぶさに語られています。それでも何も語らずに死んでいった兵士の方がはるかに多かったでしょう。

若者にはそこに映し出された戦争の実態を知ったうえで、今の大人たちがやろうとしていることに与していいものか、よく考えてほしいと、私は心から願っています。

二〇一七年一〇月二五日　神風特攻隊、初出撃（一九四四年）の日に

菊地昌実

著者紹介

菊地昌実（きくち・まさみ）

1938年生まれ。東京大学大学院（比較文学・比較文化）修士課程終了。北海道大学名誉教授。現代フランス思想専攻。近代化の歴史、とくにヨーロッパと日本の比較に深い関心を抱いている。著訳書：『漱石の孤独』（行人社）、A. メンミ『あるユダヤ人の肖像』（共訳、法政大学出版局）、E. モラン『祖国地球』（法政大学出版局）、J＝F. ルヴェル＆M. リカール『僧侶と哲学者』（共訳、新評論）、A. メンミ『人種差別』（共訳、法政大学出版局）、M. リカール＆チン・スアン・トゥアン『掌の中の無限』（新評論）、J·ブリクモン『人道的帝国主義』（新評論）、C. ラヴァル『経済人間―ネオリベラリズムの根底』（新評論）他。

絶対平和論

日本は戦ってはならない

（検印廃止）

2018年1月15日　初版第1刷発行

著　者　菊　地　昌　実

発行者　武　市　一　幸

発行所　株式会社　新　評　論

〒169-0051 東京都新宿区西早稲田3-16-28
http://www.shinhyoron.co.jp

TEL 03 (3202) 7391
FAX 03 (3202) 5832
振替 00160-1-113487

定価はカバーに表示してあります
落丁・乱丁本はお取り替えします

装幀　山田英春
印刷　フォレスト
製本　中永製本所

ISBN978-4-7948-1084-7
Printed in Japan